Autoescrituras Performativas

Coleção Estudos
Dirigida por J. Guinsburg

Equipe de realização – Edição de texto: Iracema A. de Oliveira; Revisão: Adriano C.A. e Sousa; Produção: Ricardo W. Neves, Sergio Kon, Lia N. Marques, Luiz Henrique Soares e Elen Durando.

Janaina Fontes Leite

AUTOESCRITURAS PERFORMATIVAS

DO DIÁRIO À CENA

Copyright © Perspectiva 2017

Esta publicação contou com o apoio da Fapesp (processo n. 2015/24359-3), por meio do programa "Auxílio à Pesquisa – Publicações".

As opiniões, hipóteses e conclusões ou recomendações expressas neste material são de responsabilidade do autor e não necessariamente refletem a visão da Fapesp.

CIP-Brasil. Catalogação na Publicação
Sindicato Nacional dos Editores de Livros, RJ

L547a
    Leite, Janaina Fontes
    Autoescrituras performativas : do diário à cena / Janaina Fontes Leite. -- 1. ed. -- São Paulo : Perspectiva: Fapesp, 2017.
    184 p. : il. ; 23 cm. (Estudos ; 351)

    Apêndice
    Inclui bibliografia
    ISBN: 9788527311021

    1. Teatro brasileiro. I. Fundação de Amparo à Pesquisa do Estado de São Paulo. II.Título. III. Série.

17-41276   CDD: 792.0981
                               CDU: 792(81)

24/04/2017   25/04/2017

1ª edição

Direitos reservados à
EDITORA PERSPECTIVA LTDA.

Av. Brigadeiro Luís Antônio, 3025
01401-000 São Paulo SP Brasil
Telefax: (011) 3885-8388
www.editoraperspectiva.com.br

2017

A Alair Pereira Leite

in memorian

Sumário

Agradecimentos..................................... IX
Sintomas do Real no Teatro – *Sílvia Fernandes*........... XI
Em Primeira Pessoa XV
Apresentação XIX

1. Aspectos do Autobiográfico 1
    A Modernidade e o Modelo Biográfico da *Bildung*.... 1
    Pós-Modernidade e Ruptura 4
        Debates em Torno do Autobiográfico............ 5
        Intenção e Pacto de Verdade................... 10
    "É Necessário Inventar a Forma Que Convém
    a Cada Experiência"............................ 17

2. Do Diário à Cena................................ 19
    Autoescrituras Ordinárias: Os Diários 19
    O Diário Como Ato............................. 21
    O Diário Como Matéria Bruta Para Criação
    ou o Trabalho Sobre Arquivos 23
    A Forma "Diário" na Contemporaneidade.......... 26

3. O Autobiográfico no Teatro 29

Performatividade e Sujeito Solo.................... 29
O Depoimento Pessoal Como Estratégia Para a
Criação Cênica.................................. 32
Teatro Documentário 35
   Modo "Documentarizante" 37
   Testemunho e Não Atores..................... 40
   Teatro Documentário e Memória 43
Teatros do Real................................. 48
Outras Experiências de Autoescritura 54
Mostra Memória, Arquivos e (Auto)Biografias...... 64
Considerações e Estigmas em Torno do
Autobiográfico 77

4. Ensaios Autobiográficos............................ 83
   Festa de Separação: Um Documentário Cênico...... 83
      A Festa de Separação: *Criação Performativa e
      Dispositivos de Registro*....................... 86
      *O Documentário Cênico: Manipulação de
      Arquivos Como Estratégia de Construção
      Dramatúrgica*.................................. 89
      "Tecnologias do Eu" e Atualização da Presença ... 93
   Conversas Com Meu Pai.........................115
      A Cena Como Work in Process................116
      Narrativas Enviesadas e Des-Identidade.........117
      Ficção ou Mentira? 120
   Desafios Para a Produção Autobiográfica na
   Contemporaneidade 133

Anexo:
Conversas Com Meu Pai 137

Bibliografia...155

Agradecimentos

Agradeço muitíssimo à FAPESP pelo apoio ao desenvolvimento da pesquisa e também dessa publicação. Agradeço a todas as pessoas que acompanharam essa longa jornada e contribuíram com uma escuta atenta e um olhar cúmplice: meu orientador Felisberto Sabino da Costa, os professores Luiz Fernando Ramos, Antônio Araújo, Marcos Bulhões, Helena Bastos, Silvia Fernandes, Cecília Salles e Jorge Louraço; meus colegas Ana Goldenstein, Marcelo Soler, Leonel Carneiro e Laís Marques; meus companheiros do Grupo XIX de Teatro; meu amigo e parceiro Fepa (por ter criado comigo nosso "documentário cênico" sob o olhar dos parceiros Luiz Fernando Marques e Evaldo Mocarzel); todos os participantes de oficinas e núcleos que orientei durante esse tempo e que foram interlocutores preciosos dessa pesquisa; e os parceiros de criação do espetáculo *Conversas Com Meu Pai*, Bruno Jorge, Melina Schleder e Wagner Antônio. Agradeço, principalmente, ao meu companheiro e parceiro de todos os dias Alexandre Dal Farra, que me ensina tanto sobre a arte, sobre a vida, e que me presenteou com a possibilidade de ver a minha história através do seu olhar. À minha mãe Amália e às minhas irmãs, Renata e Sabrina, por todo apoio, pela confiança e também porque grande parte desta história também é delas. E ao meu querido filho Plínio que nasceu em meio à escrita desse livro e que deixou a "mamãe trabalhar".

Sintomas do Real no Teatro

O excelente livro de Janaina Leite é um marco no estudo das manifestações cênicas que se aparentam ao teatro documentário e ainda são pouco analisadas no contexto brasileiro. As nomeações diversificadas da tendência, comum no teatro contemporâneo mundial, especialmente no século XXI, funcionam como registro das árduas tentativas de apreender o leque expandido de experimentos que se liga, de um modo ou de outro, a transgressões da representação. É o período em que as artes da cena também aderem à crítica à ideologia do representado, iniciada por Marcel Duchamp com os *ready-mades,* e passam a incorporar realidades corporais e materiais de extrema contundência. O confronto com os muitos mecanismos de simbolização e de remissão a algo que não está em cena enquanto materialidade e presença é feito em proveito da presentação única, singular, na busca de preservar a potência crítica de exposições de risco, como nota Maryvonne Saison em seu estudo sobre os "teatros do real". Há quase duas décadas, a ensaísta constatava a onipresença da busca pelo real na cena teatral contemporânea, que parecia indicar um desvio da mera investigação de linguagem e uma inclinação decisiva para o diálogo com a alteridade, o mundo e a história, em detrimento do fechamento da representação.

Dependendo da filiação do ensaísta e de seu foco de interesse, as tentativas de mergulho na realidade ou a tensão entre realidade e ficção recorrente em espetáculos dos últimos anos têm sido chamadas de teatros do real, como faz Saison, práticas do real na cena, como prefere José Antonio Sánchez ou teatro neodocumentário, opção das teóricas Lucie Kempf e Tania Moguilevskaia. Em relação à vertente talvez mais funda dessa prática, ligada à manifestação autobiográfica, as nomeações variam de autofiguração, autoficção, auto *mise en scène*, autorrepresentação, performance autobiográfica ou autoescritura performativa, termo escolhido por Janaina Leite para referir-se a seu próprio trabalho e à parcela considerável de práticas que optam por mecanismos de confronto da representação com experiências testemunhais, valendo-se de modos diversificados de "escritas do eu" que se apresentam em forma de diários, depoimentos, cartas e entrevistas, como comprova a proliferação de documentários no panorama recente, não apenas do teatro.

No âmbito das criações teatrais brasileiras, *Ficções* e *Amadores*, da Cia.Hiato, *Luiz Antonio Gabriela*, de Nelson Baskerville, BR *Trans*, de Silvério Pereira, *Corte Seco* e *A Falta Que Nos Move*, de Cristiane Jatahy, e *As Rosas do Jardim de Zula*, da Zula Cia. de Teatro, são exemplos dessa linhagem de trabalho que a autora analisa com precisão, além de se referir ao precursor "depoimento pessoal" dos processos colaborativos. À semelhança do *self as context* das teorias performativas de Richard Schechner e das performances autobiográficas de artistas como Marina Abramović, Vivi Tellas e Angélica Liddell, todas referidas no livro, essas experiências talvez sejam sintomas da necessidade de encontrar algo "verdadeiro", "autêntico", colhido em práticas de vida e apresentado na exposição imediata do *performer* diante do espectador.

Sem dúvida, o trabalho de Janaina Leite está inserido nesse movimento. Mas tem a vantagem de se aprofundar na discussão do assunto e recuperar reflexões decisivas para o problema que enfrenta, como as de Óscar Cornago, José Antonio Sánchez, Hal Foster, Philippe Lejeune, Serge Doubrovsky, Paul De Man e Marcelo Soler, que iniciou a pesquisa sobre teatro documentário no contexto brasileiro. Na verdade, a autora usa essas referências, além de muitas outras, para ampliar o foco sobre duas criações do princípio deste século, *Festa de Separação, um Documentário Cênico*, de 2009, e *Conversas Com Meu Pai*, estreado em 2014, meses antes da conclusão deste livro. Ambas declaradamente autobiográficas, são consideradas "documentários cênicos" por resultarem do trânsito corajoso entre vida e teatro, autoexposição e reflexão, memória e criação. O mote do primeiro trabalho foi a separação de Janaina de seu ex-marido Felipe Teixeira Pinto, o Fepa, reatualizada em várias celebrações que se sucederam como festas-performances em que os convidados eram inicialmente familiares e amigos, para mais tarde incluírem os próprios espectadores. Naquilo que de modo impróprio se pode chamar de espetáculo, a atriz e o músico reencontravam-se para atuar publicamente a separação, com inspiração confessa na performance de Marina Abramović e Ulay em *The Great Wall*, uma solitária caminhada a dois pela muralha da China. Em *Conversas Com Meu Pai*, a ousadia da artista se acentua. Dessa vez, trata-se de reativar o vínculo entre pai e filha por meio de conversas registradas em breves anotações que franqueiam a troca entre o velho afásico por obra da traqueostomia e a moça acometida de surdez temporária. "Havia as conversas e havia os silêncios", confessa Janaina, referindo-se ao princípio do processo criativo, que se estendeu por longos sete anos.

A partir desse núcleo incandescente, a autora foi capaz de formular questões incômodas, que acabaram servindo como mote de desenvolvimento do estudo que apresenta ao leitor. Entre elas, talvez a mais complexa seja aquela que pergunta se, de fato, existem modos possíveis de o real atravessar o teatro. É importante frisar que, nesse caso, não se trata de mera dúvida retórica ou teórica, recurso bastante comum em trabalhos acadêmicos, mas de interrogação inquietante sobre um processo criativo que é testemunho de vida.

No desenrolar do livro, o leitor tem o prazer de constatar que, para respondê-las Janaina Leite se desvia dos lugares comuns e dos discursos padronizados que apaziguam as práticas de risco que pretende investigar.

Um bom exemplo é a coragem com que enfrenta as posições pós-estruturalistas, no caso representadas pelas conclusões de Paul De Man sobre os escritos em primeira pessoa, que o ensaísta considera mera "ilusão referencial", já que a construção verbal é sempre um ato estético e o referente não passa de efeito de linguagem. É posição semelhante à de pesquisadores teatrais de inegável seriedade, como Philip Auslander e Herbert Blau, que criticam o sonho impossível de dispensar a mediação da representação. Para esses teóricos, o simulacro, a simulação e a palavra soprada, para emprestar conceitos de Jean Baudrillard e Jacques Derrida, são indícios inequívocos da impossibilidade de escapar do simbólico.

A autora vê essas objeções como parte de uma "retórica que se tornou quase um senso comum no discurso em arte". E, para melhor problematizá-las, recorre a "disciplinas onde a relação com o real não se dá sem consequências, como é o caso da história e da psicanálise". Em argumentação arguta, associa o *sinthoma* e as brechas para o real abertas pela perspectiva lacaniana às observações de Hal Foster sobre os *punctuns*, concluindo que "nem tudo é realização plena na simbolização [...] Há algo que escapa à linguagem e que por vezes irrompe perfurando essa trama, para o qual não temos um falar estruturado".

Sem dúvida é um privilégio acompanhar essa inventividade reflexiva, que caminha *pari passu* ao relato processual dos documentários cênicos, igualmente inventivos, corajosos, com poder de revelar ao leitor a performatividade de uma autoescritura que remete, inapelavelmente, a uma história de vida. *Autoescrituras Performativas: Do Diário à Cena* é a prova de que Janaina Leite, à semelhança dos grandes criadores, é capaz de manter o equilíbrio precário entre as ordens da presença e da representação.

Sílvia Fernandes
Professora titular de Artes Cênicas
da Escola de Comunicações e Artes
da Universidade de São Paulo

Em Primeira Pessoa

Era o ano de 2008 e o meio cultural de São Paulo se agitava em torno de uma exposição na qual uma artista plástica francesa expunha as respostas de mais de cem mulheres a um email de ruptura de relacionamento que ela havia recebido do ex-namorado. Essas diversas respostas, de mulheres de profissões, idades e vivências diferentes, compunham a exposição *Cuide-se* (*Prenez soin de vous*) de Sophie Calle. O título da exposição fazia referência à última frase do email que deu origem à empreitada. Na mesma época, fazia sucesso o monólogo *Viver Sem Tempos Mortos* no qual a atriz Fernanda Montenegro retomava as cartas trocadas entre os escritores Simone de Beauvoir e Jean Paul-Sartre. Numa delas, Beauvoir diz, já quase no fim da vida, aos oitenta e poucos anos, que a única coisa de que ela se arrependia era de não ter escrito mais sobre o modo como viveu a sua sexualidade – o qual, segundo ela, era o que havia feito de mais político na sua vida inteira. Neste mesmo ano já me debruçava sobre a criação de um espetáculo, naquele momento ainda sem título, que tinha como mote a separação de um casal – eu e meu ex-marido Felipe Teixeira Pinto. No Brasil, naquele momento, ainda eram poucas as referências de obras explicitamente autobiográficas nas artes cênicas. Curiosa, eu reunia então impressões sobre essas experiências encontradas com bem mais frequência na literatura, no cinema, nas artes plásticas e na performance. Foi dos *performers* Marina Abramovic e Ulay, que Felipe e eu retiramos a história com a qual, no dia 24 de setembro de 2009, encerramos a apresentação do espetáculo – agora já batizado *Festa de Separação: Um Documentário Cênico*. Era a estreia e ainda não sabíamos como o público reagiria a uma obra declaradamente autobiográfica, na qual as próprias *personagens reais* se encontravam em cena. Naquele dia, durante uma hora e meia, havíamos compartilhado com a plateia a nossa experiência de fim de um relacionamento de dez anos e todas as referências filosóficas, cinematográficas e musicais que emprestaram sentidos para que pensássemos o amor contemporâneo. Na última cena da peça, ele, com o violão e a gaita, me acompanhava enquanto eu contava essa pequena fábula de separação:

Era uma vez dois artistas, dois *performers*. Ela, nascida na ex-Iugoslávia e ele, nascido na Alemanha. Eles se conhecem, se apaixonam e estabelecem uma parceria de amor e de arte que duraria doze anos. Ao fim desse tempo, eles decidem se separar e querem dedicar um último ato de criação a esta história de amor. Então, vão cada um para uma ponta da muralha da China e começam a caminhar. Caminham por três meses, 2.500 km cada um. Até que eles se encontram. Eles dizem, nos relatos, que tiveram como que um *flashback* dos seus doze anos de vida juntos. Ela começou a chorar. O que ele não achou muito apropriado. Ele fez um comentário sobre os sapatos dela. O que ela não achou muito apropriado. Ela não via a hora de deixar a China. Ele poderia continuar caminhando para sempre. Eles se abraçam, dizem adeus e continuam, agora, sozinhos.

Essa era a história de Marina e Ulay que havíamos encontrado nos relatos da performance *The Great Wall*. Depois disso, nós, um ex-casal e agora parceiros de cena, também cruzávamos o palco em nossa versão – do trecho final da "muralha" que tinha sido o processo de mais de um ano de criação do espetáculo e nos colocávamos um de frente para o outro. Depois de nos olharmos em silêncio por alguns segundos, tomávamos direções opostas e seguíamos até desaparecermos de cena. Por fim, os créditos subiam, as luzes da plateia se acendiam como numa sala de cinema, e, assim, o público entendia que não voltaríamos para os aplausos. Dessa forma, sustentávamos o jogo com o cinema que havíamos estabelecido durante toda a encenação. Sem dúvida, foi o cinema, e não o teatro, a nossa maior referência na época para a criação disso que chamamos de um "documentário cênico".

No ano de 2011, instigada pela experiência criativa de *Festa de Separação*, formei um grupo de trabalho batizado de "Possibilidades Para uma Cena Documental."[1] Composto por 26 pessoas (de diversas formações como cinema, psicologia, teatro e história), mantivemos encontros regulares durante oito meses para explorar, prática e teoricamente, o campo de pesquisa do documentário e do autobiográfico nas artes cênicas. Como o real pode atravessar a cena teatral? Como trazer para o teatro a experiência documental? Quais os recursos possíveis para fazê-lo? Quais implicações estéticas dessa operação? Quais são as possibilidades de aprofundamento e sofisticação no uso do material documental e do ficcional? Como transitar nos limites entre esses materiais? Como apagar esses limites? Essas eram algumas das questões que norteavam o trabalho. Nessa época tomei contato com o termo "teatro documentário", completamente inédito para mim até aquele momento, e que tomei como base de trabalho durante um certo período. A ideia de um teatro documentário parecia sintetizar alguns temas que me rondavam como a memória, o trabalho com arquivos na criação de dramaturgia e a perspectiva autobiográfica. Ocorreram então diversas ocasiões de encontros e trocas em torno desses temas no formato de oficinas, *workshops* e seminários, em várias cidades do Brasil. Ao longo desses encontros, entrei em contato com vários experimentos e pesquisas práticas e teóricas que atestavam o crescente interesse por esse campo investigativo.

Em paralelo a essas ações de caráter formativo, dei continuidade à pesquisa prática, iniciando uma nova criação com ponto de partida autobiográfico. Foi ainda em 2008 que surgiram as primeiras ideias para um projeto artístico baseado nas *conversas* que eu mantinha com meu pai já havia alguns anos. Devido a uma traqueostomia, ele perdera a capacidade da fala

1   O trabalho aconteceu na sede do Grupo XIX de Teatro de São Paulo, sob apoio da Lei de Fomento ao Teatro para a cidade de São Paulo.

e passou a se comunicar por escrito. Essas conversas ficavam, em parte, registradas nos papeizinhos que ele usava para se fazer entender. Essas frases, tiradas de seu contexto, acumuladas aleatoriamente numa velha caixa de sapatos, me pareciam sugerir um possível ponto de partida para a criação de uma dramaturgia que, como a memória, colocasse o registro do vivido à mercê da complexa relação entre presente e passado, experiência e registro, viver e contar. Eram também a oportunidade para dar início a um processo de busca delicado aos nós de uma história conflituosa entre pai e filha. Depois de anos de ruptura, a reaproximação entre eu e meu pai só veio a ocorrer quando ele já não podia mais falar. Finalmente, tivemos as conversas que nunca havíamos tido antes.

Passei a recolher, ainda sem saber para que fim, esses fragmentos, resíduos das tardes que passávamos juntos, sentados em uma mesa de bar, pescando, ou ouvindo um disco na vitrola. Havia as conversas, e havia os silêncios; ambos foram a base do que se tornou um *work in process* de quase sete anos. *Conversas Com Meu Pai* teve sua estreia em abril de 2014, poucos meses antes de ser concluída a escrita deste livro.

Uma pesquisa que se iniciou na prática percorreu um longo e instigante caminho teórico, para reencontrar a prática, agora redimensionada, tendo no experimento *Conversas Com Meu Pai* uma tentativa de síntese. É desse percurso e das questões nele surgidas que trataremos ao longo deste trabalho.

Apresentação

Nos últimos anos, tem se mostrado crescente na cena brasileira a produção de obras que operam de forma cada vez mais explícita com conteúdos que se afirmam documentais ou/e autobiográficos. Começa a circular também de maneira crescente o termo "teatro documentário" que tenta fazer jus às singularidades de tais produções. Se, por um lado, o termo faz iluminar uma especificidade que, concordamos, merece atenção, por outro lado, corre o risco de terminar por demarcar uma espécie de categoria específica dentro da produção teatral contemporânea. Como escapar das armadilhas classificatórias, da demarcação de territórios, sem perder a possibilidade de investigar questões significativas em relação a trabalhos que partem de material não ficcional? Sobretudo, dentro da pesquisa acadêmica, como não ceder à tentação de, agora nas artes cênicas, estabelecer um "gênero", tal qual o estabelecido e já canonizado na literatura e propor algo como um "teatro autobiográfico"?

Philippe Lejeune, um dos grandes teóricos do gênero autobiográfico, chama a atenção justamente para os perigos de quando, ao pretender descrever, estarmos, em verdade, prescrevendo[1].

---

1 "O comportamento normativo do crítico é muitas das vezes dissimulado sob as aparências de um comportamento 'descritivo' e objetivo. Ele se esforçará para dar uma *definição* do gênero, como se um fenômeno histórico devesse

Nesse sentido, assinalamos por exemplo o trabalho de Marcelo Soler, que inaugurou no meio acadêmico brasileiro a discussão sobre o teatro documentário, fazendo-o de forma rigorosa, mas não desatenta em relação aos perigos das categorizações. Em seu *Teatro Documentário: A Pedagogia da Não Ficção*, primeira publicação no Brasil a respeito do tema, Soler traça os caminhos dessa vertente e seus principais pressupostos. Já em sua pesquisa de doutorado, o pesquisador e diretor defende a existência de "teatros documentários" ou, mais ainda, de um "campo" documental – o que bem mostra sua preocupação em não fixar limites rígidos e sua consciência de que nenhuma categoria analítica pode dar conta sozinha do sistema complexo das obras existentes. Ao defender a tese dos "teatros documentários", Soler aponta para essa complexidade, ao mesmo tempo que não perde de vista o desejo de identificar o que, nessa diversidade, se mantém como princípios comuns às obras desse campo.

De nossa parte, nos esforçamos para cercar nosso objeto e, nesse esforço, aos poucos entendemos que o que movia, em verdade, a pesquisa, não era um desejo totalizante que poderia desembocar numa fronteira mais ou menos bem definida entre um teatro dito "documentário" ou "autobiográfico" e os "outros" teatros, mas algumas questões comumente ligadas à vertente em questão – mas não exclusivas a ela, as quais agrupamos em torno de dois eixos: memória e trabalho com arquivos, e depoimento pessoal e autorrepresentação. Percebemos também que a perspectiva autobiográfica (evidente no segundo eixo), era o foco principal, em relação ao primeiro. Ou seja, a memória que queríamos investigar não era a memória coletiva, a memória histórica, mas a memória do ponto de vista do sujeito. Procuramos entender de que maneira o ponto de partida documental, a partir da perspectiva autobiográfica, vem se fazendo presente em uma crescente produção nas artes cênicas contemporâneas. Para isso, buscamos reunir um *corpus*

> ser definido e não simplesmente descrito. Para definir, o crítico será levado não somente a dizer o que é o gênero, mas a dizer o que ele *deve* ser para ser o que ele é. Dever ser e ser se confundem, e a descrição se torna normativa. O crítico se põe a determinar qual é a essência ou modelo do gênero."
> P. Lejeune, *Le Pacte autobiographique*, p. 322. (Tradução nossa, sempre, no caso deste título.)

teórico que pudesse dar sustentação às questões que nos pareciam perpassar essas produções.

Nos deparamos então com discussões muito avançadas sobre as diferentes formas de "escritas do eu", como a autobiografia, os diários e a autoficção, oriundas, sobretudo, do campo da teoria literária. Acreditando que tais discussões poderiam elucidar a reflexão acerca dos processos de autoescritura também no teatro, demos início ao presente trabalho. Com ênfase nos processos de constituição de uma dramaturgia autobiográfica e no conceito de autorrepresentação, nos perguntamos como a teoria do autobiográfico, tal qual constituída sobretudo a partir dos anos de 1970, e sua associação com a ideia de uma memória criativa (defendida por autores como Sigmund Freud e Henri Bergson), poderiam hoje nos orientar na leitura de obras teatrais que partem de materiais não ficcionais constituídos a partir da experiência pessoal dos artistas envolvidos. Num segundo momento, buscamos investigar, na bibliografia das artes cênicas, de que modo o autobiográfico vem sendo abordado, e encontramos, nas teorias da performance, do teatro documentário, e dos chamados "teatros do real" inúmeras referências ao uso e implicações do "depoimento pessoal". No entanto, ao invertermos a perspectiva, trazendo o autobiográfico para a linha de frente da nossa reflexão, nos vimos no risco de, sem uma pergunta clara, ou um real problema de pesquisa, terminarmos apenas por resenhar esses conteúdos. Refizemos então as perguntas que nos lançaram nessa empreitada e identificamos nelas alguns pontos principais: a tensão entre referencialidade e imaginação, no que toca à memória; os embates em torno da ideia de *verdade* em obras documentais e autobiográficas; a questão ética, ao se lidar com *personagens reais*; o estigma do "terapêutico" e "narcisista" em torno de obras autobiográficas; a recepção e papel do público/leitor/espectador diante de obras que se dizem baseadas no real; e o processo dos próprios artistas engajados em projetos autorrepresentacionais e a implicação dessa escolha no plano pessoal e estético. Por fim, percebemos que um certo senso comum nas artes em torno da ideia de que "tudo é ficção" nos deixava com algumas lacunas em relação a todas essas questões e fomos em busca de materiais para entender e problematizar essa afirmação, encontrando eco às nossas inquietações sobretudo nos campos da história e da psicanálise.

Por fim, nossa proposta era a de desenvolver também uma pesquisa que aliasse teoria e prática ao ter como importante eixo a descrição e análise de duas criações autobiográficas da autora desta pesquisa. Análise essa que terá lugar na terceira parte deste trabalho e trará as experiências de *Festa de Separação: Um Documentário Cênico* e *Conversas Com Meu Pai*.

1. Aspectos do Autobiográfico

A MODERNIDADE E O MODELO BIOGRÁFICO
DA *BILDUNG*

> *Na empreitada em que me propus a mostrar-me inteiramente ao público, é preciso que nada a meu respeito lhe pareça obscuro ou não revelado; é preciso que eu me mantenha incessantemente sob seu olhar; que ele me siga em todos os desvios do meu coração, em todos os recantos da minha vida; que ele não me perca de vista um só instante, de modo que, encontrando nos meus escritos a mais ínfima lacuna, o menor vazio, e se perguntando: "o que ele terá feito durante este período?", ele me acuse de ter me recusado a dizer tudo.*
>
> JEAN-JACQUES ROUSSEAU, *Confissões*, Livro II

O célebre prefácio de Jean-Jacques Rousseau (1712-1778) para *Confissões* (1782), obra marco dentro dos estudos sobre o autobiográfico, começou a circular na Europa logo após a morte do autor, três anos e meio antes da publicação do livro propriamente dito. Durante esse período que precedeu à chegada da obra ao público, o compromisso firmado de "dizer tudo" pairava como uma "ameaça de verdade"[1]. De certa forma, ao se

---

1   P. Lejeune, *Signes de vie*, p. 210. (Tradução nossa.)

implicar tão escancaradamente, o gesto do autor era também um convite ao despojamento do outro. "Dizer tudo" era uma espécie de *programa* estabelecido onde estariam excluídas as conclusões e argumentações, de forma que o autor se mostrasse despido de sua autoridade. Ao dizer tudo sobre si, Rousseau acreditava deixar margem para que algo lhe escapasse, algo que apenas o leitor poderia captar ao compor ele mesmo a partir dos elementos apresentados.

No século XVIII, Rousseau afirmava assim o conhecimento apenas relativo que temos de nós mesmos. Propunha também uma chave para o entendimento da personalidade baseado na ideia de "encadeamento de afecções secretas"[2]. Ideia esta que vai estar na base do pensamento psicanalítico que entende o autobiográfico como uma *pesquisa de si mesmo*. Naquele momento histórico, prévio à Revolução Francesa, sua obra ainda tinha o mérito de autorizar todo e qualquer homem a reconhecer e contar sua história de vida. O que não era possível no gênero das Memórias que vigorava até então e era exclusivo da aristocracia. Rousseau rompe esse privilégio ao dizer: "Em toda obscuridade que eu tenha vivido, se eu pensei mais e melhor que os Reis, a história de minha alma é mais interessante que a deles."[3]

A origem, pois, do gênero autobiográfico está localizada no século XVIII, quando se consolidam as condições de seu surgimento, e tem seu marco principal nas *Confissões* de Rousseau. Mas essa não é a primeira obra escrita em primeira pessoa. Das histórias dos santos e reis aos primeiros ensaios pessoais, como temos em Montaigne no século XVI, temos diferentes experiências e modelos de escrita do "eu". No entanto, o modelo autobiográfico surgido com Rousseau parte de uma *consciência de si* que não era possível nas épocas anteriores. Ela em nada se compara, por exemplo, à consciência possível do homem medieval na qual a ideia de "eu" estava ancorada numa função social clara e espelhada em um modelo inequívoco, vindo fosse da igreja, fosse do rei. Por essa razão, as hagiografias ou a crônica real não eram a expressão de uma história e experiência individuais, mas sim exemplos que correspondiam absolutamente a uma função determinada e esperada socialmente.

---

[2] Ibidem, p. 217.
[3] J.-J. Rousseau apud P. Lejeune, *Le Pacte autobiographique*, p. 213.

Diferente é a possibilidade de representação do eu que emerge no século XVIII. Ao invés de um modelo absoluto, a Idade Moderna é marcada pela emergência de um modo de construção biográfica pelo qual o indivíduo "tende a dar-se a si mesmo sua própria lei de constituição e a encontrar na sua própria experiência os recursos de sua individuação"[4].

Do ponto de vista histórico, tal possibilidade de representação do eu se deve a dois fatores determinantes: a consolidação do modo capitalista de produção e a configuração da organização burguesa de vida. Estamos falando de novas estruturas de poder e de um novo modo de produção. E falamos, também, de novas relações entre indivíduo e sociedade e das formas por meio das quais o indivíduo representa não só essa relação, mas a própria consciência de si nesse novo quadro social.

A concepção de indivíduo que toma forma com a sociedade burguesa é a de um ser responsável e autônomo, que se faz por si mesmo; que tem que fazer seu caminho na vida e que deve encontrar seu lugar na sociedade. Essa representação de um devir individual portador de trans--formação integra as noções de concorrência, de risco, de luta pela vida, mas também de amostragem de alternativas, de escolha.[5]

A este novo modo de representação biográfica, os filósofos da escola iluminista alemã respondem com o conceito de *Bildung* (formação). Segundo Delory-Momberger, o conceito de *Bildung* designa "o movimento de formação de si, pelo qual o ser único que constitui todo homem faz com que advenham as disposições que são suas e participa, assim, à realização do humano como valor universal"[6]. Em outras palavras, trata-se do relato retrospectivo de *como alguém se torna o que se é*, dentro de uma perspectiva finalista, ou seja, de que há um caminho a ser percorrido para se alcançar um lugar de sabedoria e harmonia dentro dos valores compartilhados pela sociedade. Existiria, portanto, segundo esse modelo, uma forma adequada para a realização de si, e essas narrativas revelariam as etapas dessa evolução, sendo o relato da trajetória sempre orientado pelo

---

4 C. Delory-Momberger, Filiações e Rupturas do Modelo Autobiográfico na Pós-Modernidade, em H. Galle et al. (orgs.), *Em Primeira Pessoa*, p. 100.
5 Ibidem, p.103.
6 Ibidem, p.101.

fim a que se chegou. Os romances de formação, ou *Bildungsroman,* serão o grande exemplo na literatura desse modo de representação biográfica que nasce na modernidade.

Para o homem de hoje, que tem seus valores principais fundados nessa modernidade, ainda perdura esse modelo de representação biográfica. Não à toa, grande parte das autobiografias corresponde exatamente a essa teleologia: o que acompanhamos é a passagem de um estágio a outro em que, depois de erros, desafios, desilusões e, finalmente, após a *superação*, atinge-se uma virada do conhecimento na qual torna-se possível a verdadeira realização de si.

Para autores como Delory-Momberger é somente com a chamada pós-modernidade, que o modelo da *Bildung* vai sofrer abalos e engendrar novas possibilidades de representação biográfica. No entanto, podemos pensar – e abordaremos esse ponto mais adiante – que esse caminho é aberto muito antes através da teoria de Sigmund Freud, que nega em absoluto o pressuposto de um Eu coeso. Ao estabelecer o conceito de um "sujeito cindido" e fundar a psicanálise a partir da afirmação da existência do inconsciente, Freud lança a máxima de que "o homem não é senhor da própria casa". A certeza inabalável do acesso direto ao vivido através da consciência é assim colocada em xeque e esse abalo está na base das teorias que vão questionar o papel da memória enquanto repositora inquestionável do passado.

PÓS-MODERNIDADE E RUPTURA

O percurso até aqui nos deixa às portas da crise instaurada nos anos de 1970 que vai romper com o modelo teleológico da *Bildung*. É nesse momento que vemos desabar a concepção positiva de um "eu" consciente de si, assim como a confiança inabalável na língua como veículo de representação.

Já não é possível localizar a gênese da história de um indivíduo e organizá-la em função de um fim único ao qual, desde o início, ele devesse se adequar. Trata-se, justamente, dessa perda de unidade da experiência que garantia a base para o modelo de narração, de uma trajetória de vida orientada para um fim claro. Essa unidade é que garante a possibilidade de se decompor essa vida nas partes ou etapas que contribuíram para o almejado destino final. Findam-se os "grandes mitos"[7] dos quais a modernidade era portadora e, talvez, o maior deles fosse o mito do "eu".

O homem passa a assumir personalidades plurais que devem transitar em diversos espectros da vida social (cada um deles com suas exigências e modelos), vivendo uma experiência fragmentada. "A atividade social do indivíduo pós-moderno é conduzida por relações temporárias e reversíveis de inclusão em subsistemas, aos quais ele acede conforme é conduzido por setores de sua vida."[8] E cada um desses subsistemas cria suas plataformas de interação, presenciais e/ou virtuais, onde o indivíduo se autorrepresenta a partir de escolhas múltiplas, transitórias, que ele manipula de acordo com os diferentes códigos e expectativas.

Dentro de nossa problemática, então, das possibilidades de representação de si que emergem em cada contexto sócio-histórico, o que temos, como coloca Delory-Momberger, é uma proliferação de modelos biográficos, já que "as antigas programações biográficas perdem sua centralidade e sua rigidez e os indivíduos são levados a 'escolher' entre opções biográficas múltiplas e a forjar, por si próprios, o desenrolar de suas vidas"[9]. A autora continua, colocando que, com isso, os indivíduos ganham "uma competência reflexiva que os conduz a pensar o desenrolar de suas vidas no campo da tensão de suas experiências e figurações biográficas e nos contextos sociais nos quais eles atuam"[10].

Debates em Torno do Autobiográfico

A Guinada Subjetiva

Se a crise do "eu" amplamente difundida por uma crítica pós-estruturalista poderia sugerir um esmaecimento de um certo impulso autorrepresentacional, o que vemos, marcadamente a partir dos anos de 1970, é, ao contrário, uma valorização do ponto de vista em primeira pessoa e uma verdadeira explosão de produções autobiográficas. De lá para cá, tem lugar

7   Cf. J.-F. Lyotard, *A Condição Pós-Moderna*.
8   C. Delory-Momberger, op. cit, p.105.
9   Ibidem.
10 Ibidem.

um adensamento do que Léonor Arfuch chama de "espaço biográfico", através das autobiografias, diários, testemunhos, correspondências, blogs, narrativas de autoajuda, perfis, *reality shows* e, é claro, obras de arte autobiográficas nas mais diversas expressões, do cinema às artes plásticas, passando também pelo teatro.

No entanto, apesar da mudança de paradigma para a representação biográfica associada a profundas transformações no modo de vida, o que podemos perceber em todos esses campos de expressão é que o modelo narrativo que projeta uma identidade coesa ainda perdura e é foco de intenso debate.

Com efeito, nos anos de 1970, quando acontece o que Beatriz Sarlo chama de "guinada subjetiva"[11] – a saber, a mudança de perspectiva que legitima fazer história a partir do ponto de vista do indivíduo e sua vivência particular –, tem início na França uma ampla discussão sobre as narrativas de cunho autobiográfico, refutando, sobretudo, as ideias de Philippe Lejeune, conhecido por seus estudos em torno da autobiografia. Lejeune define a autobiografia como "o relato retrospectivo em prosa que uma pessoa real faz de sua própria existência, colocando ênfase em sua vida individual e, em particular, na história de sua personalidade"[12]. A autobiografia, segundo o teórico, pressupõe a veracidade dos fatos e o compromisso com a realidade através de um "pacto autobiográfico", isto é, um pacto de autenticidade em que não há dúvidas a respeito da identidade entre as instâncias do narrador, protagonista e autor.

Por outro lado, Serge Doubrovsky, em 1977, vai cunhar o termo *autofiction* (autoficção), por considerar que, ainda que em primeira pessoa e a partir de experiências vividas, a escrita será sempre um "ato estetizado e ficcional", e colocará a autoficção como a possibilidade de se transitar entre a autobiografia, o discurso referencial e a ficção, tendo a figura do autor plasmada na do narrador. Doubrovsky faz coro com outro importante crítico da chamada "ilusão referencial", Paul De Man, ao negar a possibilidade de um acesso direto ao vivido. De Man, em seu famoso "Biography as De-facement", sustenta que o referente é apenas um efeito de linguagem produzido pela prosopopeia

11 Cf. B. Sarlo, *Tempo Passado*.
12 P. Lejeune, *Le Pacte autobiographique*, p. 14.

que dá rosto a um vazio[13]. Tratar-se-á sempre de uma ficção já que isso a que se diz fazer referência só pode existir em função e dentro de uma construção verbal que se encerra em si mesma. Tal pensamento, de longe o mais aceito contra o que se considera uma ingenuidade de pretensão referencial, para Paul Ricoeur é fruto da expansão do modelo saussuriano que cola o significante e o significado, criando uma entidade cuja apreensão exclui a relação com o referente[14]. A teoria literária amplamente apoiada nesse princípio, ao discutir o autobiográfico, tende a reforçar a posição de que se trata sempre de ficção. Essa visão é a que cobre também, majoritariamente, a discussão dentro de outras expressões artísticas que partem de uma relação pretensamente mais direta com a vida real. É exatamente a essa retórica, que se tornou quase um senso-comum no discurso em arte, que gostaríamos de fazer frente não no sentido de nos contrapor a ela, mas de problematizá-la. Para isso, nos apoiaremos em disciplinas em que a relação com o real não se dá sem consequências, como é o caso da história e da psicanálise. O diálogo com esses campos, longe de solucionar o problema, vai nos deixar diante de uma aporia que, no entanto, acreditamos, terá o mérito de retirar a discussão da já quase tautológica afirmação de que "tudo é ficção".

Experiência, Memória e Representação

Nous sommes tous des hommes-récits
PHILIPPE LEJEUNE, *Le Pacte autobiographique*

Porque falar de si? Que impulso é esse que anima o desejo de contar a própria vida? Léonor Arfuch defende o que ela chama de valor biográfico, ao sublinhar a possibilidade de ordenar "a vivência da própria vida" e conectá-la, enquanto singularidade, ao que Gadamer chama de "a vida infinita". A autora fala desse "algo que se destaca do fluxo ininterrupto da vida e fica como rastro perdurável"[15].

13 Cf. Autobiography as De-facement. MLN, *Comparative Literature*, v. 94, n. 5.
14 Cf. P. Ricoeur, *Tempo e Narrativa 1*, p. 135.
15 L. Arfuch, O Espaço Biográfico na Re-Configuração da Subjetividade Contemporânea, em H. Galle; A.C. Olmos, op. cit., p. 118.

Delory-Momberger diz que o homem necessita elaborar continuamente "a figura interior e exterior que ele reconhece ou sente como sendo o si mesmo"[16]. O que ela chama de *biografização*, a saber, o trabalho "psico-cognitivo" de uma configuração temporal e narrativa pelo qual os homens dão uma forma própria ao desenrolar e às experiências de suas vidas – em muito dialoga com o que faz Lejeune chamar os homens de "hommes-récits" (homens-relatos).

Ao me colocar por escrito, eu não faço senão prolongar esse trabalho de criação de identidade narrativa, como diz Paul Ricoeur, no qual consiste toda a vida. É claro que, ao tentar me ver melhor, eu continuo a criar-me, eu passo a limpo os rascunhos da minha identidade, e este movimento vai provisoriamente estilizá-los ou simplificá-los. Mas eu não estou brincando de me inventar. Ao emprestar a via narrativa, ao contrário, eu sou fiel à minha verdade: todos os homens que andam pelas ruas são homens-relato, e é por isso que eles se mantêm de pé.[17]

Em todas essas proposições, não se questiona o fato de que *há* a vida, *há* a experiência sobre a qual se pode falar. E é a ideia mesma de uma vida que pode ser partilhada que nos dá uma "garantia de realidade" como diz Hanna Arendt: "A presença de outros, que veem o que vemos e ouvem o que ouvimos, garante-nos a realidade do mundo e de nós mesmos"[18].

Ricoeur defende o que seria a pressuposição ontológica da referência ao negar a linguagem como um mundo em si. Para o filósofo, não se pode negar que estamos no mundo e somos afetados por ele. Temos algo a dizer sobre isso, uma experiência para trazer para a linguagem e compartilhar[19]. Lejeune faz coro com esse princípio ao falar da relação entre experiência pessoal e representação através da linguagem: "Quanto ao fato de que a identidade individual, na escrita como na vida, passe pela narrativa, isso não quer dizer de forma alguma que se trate de uma ficção."[20]

É, portanto, somente saindo do campo das formas literárias que conseguiremos novas formulações para o problema da referencialidade.

---

16 C. Delory-Momberger, op. cit, p. 99.
17 P. Lejeune, *Le Pacte autobiographique*, p. 38-39.
18 H. Arendt, As Esferas Pública e Privada, *A Condição Humana*, p. 60.
19 P. Ricoeur, op. cit, p. 133.
20 P. Lejeune, *Le Pacte autobiographique*, p. 39.

"Eu Estava Lá"

Narramos nossas vidas e ideias de nós como atos de fala que têm como função performar uma imagem de nós mesmos e daquilo que chamamos de nosso passado. Trata-se da imagem de algo ausente. Seja deste eu que só encontra figuração a partir do que essa performance produz, seja do passado no formato de lembranças. Estamos falando de representação, e até aqui nos encontramos no mesmo lugar em que nos deixou Paul de Man ao excluir o referente disso que seria somente uma construção linguística.

Mas narramos também para não esquecer. Para não deixar que esqueçam. E como diz Ricoeur, mesmo diante de toda desconfiança que colocou sob suspeita toda a cadeia do lembrar – a percepção da cena vivida, a capacidade de retenção da memória e a narrativa tornada literatura – ainda não temos nada melhor do que a memória, do que o relato de alguém que diz "eu vivi", "eu estava lá", para saber que algo aconteceu. "Esse vínculo fiduciário se estende a todas as trocas, contratos e pactos e constitui o assentimento à palavra de outrem, princípio do vínculo social."[21] É o crédito a essa palavra que torna o mundo intersubjetivamente partilhado.

Quando dizemos que nos lembramos de algo, estamos sim no plano da imagem da coisa ausente, mas trata-se, diferentemente da imaginação, de um ausente anterior. A temporalidade é uma operação importante que distingue a memória da imaginação. Segundo Bergson, para que identifiquemos algo como sendo o passado, é preciso que este algo contraste com o presente[22]. Para Aristóteles, que já aproximava a memória da imaginação, é justamente a diferença em relação ao presente pela marca temporal que vai distinguir as duas instâncias. Assim, narramos também porque algo nos tocou, porque fomos afetados, porque pessoas, encontros e acontecimentos produziram em nós a marca desse afeto.

É a partir dessas marcas, desses rastros – muito mais difíceis de localizar do que aqueles que podem ser reconstituídos via provas documentais – que Ricoeur vai identificar o que ele

---

21 P. Ricoeur, *A Memória, a História, o Esquecimento*, p. 174.
22 Cf. H. Bergson, *Matéria e Memória*.

considera como o "ato mnemônico por excelência", o reconhecimento. O reconhecimento é responsável pelo que o autor chama de memória feliz. É o pequeno milagre pelo qual, ainda que duvidemos das capacidades da memória, que nos enganemos, e mesmo que criemos ao acreditar estar lembrando como veremos adiante com Freud, somos capazes de dizer "é ele sim, é ela sim!".

Quem pode afirmar nunca ter confiado em tais reencontros da memória? Os acontecimentos norteadores, os acontecimentos fundadores de uma existência solitária ou compartilhada não dependem dessa confiança primeira? E não continuamos a medir nossas confusões e nossas decepções em função dos sinais oriundos de um reconhecimento inabalável?[23]

A questão do reconhecimento nos deixa diante do fator mais polêmico no que toca à tentativa de distinção entre a memória e a imaginação, qual seja, a *ambição veritativa* da primeira.

O problema da *verdade* atravessa toda a discussão sobre a memória, sobre a história e, como nos interessa aqui, todas as expressões – da qual o autobiográfico é um exemplo, mas não só, podemos pensar também no documentário – que têm como objeto ou, avançando, se *apresentam* como tendo por objeto *a vida real*. É a partir desse ponto que gostaríamos de prosseguir.

Intenção e Pacto de Verdade

> *A promessa de dizer a verdade, a distinção entre a verdade e a mentira são a base de todas as relações sociais. Sem dúvida é impossível atingir a verdade, em particular a de uma vida humana, mas o desejo de alcançá-la define um campo de discurso e de atos de conhecimento; um certo tipo de relações humanas que não têm nada de ilusório. A autobiografia se inscreve no campo do conhecimento histórico (desejo de saber e compreender) e no campo da ação (promessa de oferecer essa verdade aos outros), tanto quanto no campo da criação artística. É um ato que tem consequências reais.*
>
> PHILIPPE LEJEUNE, *Le Pacte autobiographique*

Para autores como Ruth Kluger, a autobiografia é *história em primeira pessoa*, mas tomaremos essa definição de forma simplista

---

23 P. Ricoeur, *A Memória, a História, o Esquecimento*, p. 438.

se não tivermos compreendido que as problemáticas no campo da história também se encontram na distância entre o vivido e sua representação. O mesmo podemos dizer das expressões que partem do que podemos entender como *conteúdos históricos*, ou seja, que têm referência no real. Gostaríamos agora de problematizar a relação de verdade que uma obra autobiográfica pode ou não manter com esse referente. Para isso, gostaríamos de retomar dois casos bastante ilustrativos.

O primeiro é o famoso "caso Wilkomirski". Benjamin Wilkomirski escreveu o livro *Fragmentos: Memórias de uma Infância 1939-1948*[24] supostamente sobre a sua experiência, quando criança, nos campos de concentração nazistas, tendo sido o único sobrevivente de uma família judia. O livro, publicado em 1995, teve enorme repercussão, foi traduzido para doze línguas, ganhou prêmios, virou filme. Existe mesmo um vídeo-depoimento do próprio Wilkomirski relatando seu sofrimento e experiências limites como o fato de ter escapado da morte na câmara de gás. Em 1998, no entanto, um jornalista descobre que se tratava de uma fraude e que Wilkomirski nem mesmo era judeu.

O segundo caso é relatado por Ruth Kluger em seu artigo "Verdade, Mentira e Ficção em Autobiografias e Romances Autobiográficos" já citado. No romance *Esra*, o autor Maxim Biller escreve sobre o caso amoroso com uma mulher que foi facilmente identificada como sendo uma famosa atriz alemã. A atriz o processou e o livro foi proibido. O argumento contra o livro era de que, além de expor a privacidade da mulher, "violava a dignidade humana" já que expunha também a filha da atriz que tinha uma doença grave. Na vida real, a menina não sabia que tinha pouco tempo de vida e ficaria sabendo disso pelo livro se viesse a lê-lo. A justiça considerou que "o direito à privacidade se sobrepõe ao direito de expressão" e tirou o livro de circulação.

No primeiro caso, o autor teria traído o que é para Philippe Lejeune a máxima na autobiografia que é a noção de "pacto". Para Lejeune o que caracteriza a distinção entre uma obra autobiográfica e uma obra ficcional não é o interior do texto (no campo estrutural ou linguístico), mas o contrato que o autor estabelece com o leitor ao dizer, explícita ou implicitamente,

---

24 No original em alemão, *Bruchstucke*. E em inglês, *Fragments: Memories of Wartime Childhood*. No Brasil, o livro foi publicado pela Cia. das Letras em 1998.

que se trata da verdade sobre sua própria vida. O autor o faz seja por um prefácio no qual ele atesta essa verdade ou simplesmente fazendo coincidir nome do autor, narrador e personagem sobre a qual se fala:

> A problemática da autobiografia aqui proposta não é, portanto, fundada em uma relação estabelecida a partir do exterior, entre o que está fora do texto e o que está no texto – pois que uma tal relação só poderia ser de semelhança e não provaria nada. Ela não é fundada tampouco a partir de uma análise interna do funcionamento do texto, sua estrutura ou aspectos do texto publicado; mas a partir da análise no nível global da *publicação*, do contrato implícito ou explícito proposto pelo autor ao leitor, contrato que determina o modo de leitura do texto e engendra os efeitos que atribuídos ao texto, nos parecem defini-lo como autobiográfico.[25]

Uma autobiografia supõe uma identidade assumida no nível da enunciação. Em sua defesa da verdade, Lejeune diz que não é possível partir de um "jogo de adivinhação". "A autobiografia não comporta graus: é tudo ou nada."[26] Se o pressuposto da verdade não é mantido pelo autor, estamos então no plano, não da ficção, mas da *mentira*, já que há uma quebra no próprio contrato, ou seja, no vínculo proposto com o leitor/espectador. É o que se passou no caso de Wilkomirski. A ideia de mentira só faz sentido porque existe o pacto autobiográfico. Ninguém diz de uma obra ficcional que ela é "mentirosa". A análise de Lejeune estaria, portanto, baseada no campo da recepção e dos efeitos promovidos por esse contrato e nas diferentes maneiras pela qual esse contrato, esse pacto, se estabelece. Para Kluger, tal fator é determinante na leitura e fruição da obra. Ela ressalta esse dado, por exemplo, quando aponta que muitos leitores que tinham se impressionando com o texto de Wilkomirski, ao saberem da farsa, passaram a achá-lo medíocre enquanto literatura. "O texto é diferente porque passou de um gênero a outro. Nosso juízo estético depende das circunstâncias que envolvem o texto."[27]

A noção de pacto que está implícita aqui é também apontada como elemento fundamental em outras linguagens como o documentário cinematográfico.

---

25 *Le Pacte autobiographique*, p. 44.
26 Ibidem, p. 25.
27 R. Kluger, Verdade, Mentira e Ficção..., em H. Galle; A.C. Olmos, op. cit., p. 25.

Diante desses filmes, realizador e espectador estabelecem um contrato pelo qual concordam que tais pessoas existiram, que disseram tais e tais coisas, que fizeram isso e aquilo. São declarações sobre o mundo histórico, e não sobre o mundo da imaginação. Para que o documentário exista, é fundamental que o espectador não perca a fé nesse contrato.[28]

Na ficção trata-se, ao contrário, de um pacto de suspensão da descrença. O público concorda em suspender sua descrença para aceitar, por exemplo, o elemento fantástico em uma obra.

Em relação ao segundo caso – do romance *Esra* –, trata-se de uma outra problemática, já que o autor mantém o enunciado da obra no campo ficcional, não sugerindo em nenhuma esfera linguística que se trate de uma obra autobiográfica ou baseada em fatos reais. O que parece estar em jogo aqui é o que estudiosos do gênero colocam como as implicações éticas de obras que envolvem pessoas que *existem* na vida real. Aqui novamente encontramos eco na linguagem documental onde documentaristas como Eduardo Coutinho e João Moreira Salles apontam para a questão ética como único elemento verdadeiro de distinção entre o documentário e a ficção.

O que nós documentaristas temos de lembrar o tempo todo é que a pessoa filmada possui uma vida independente do filme. É isso que faz com que nossa questão central seja de natureza ética. Tentando descrever o que fazemos numa formulação sintética, eu diria que, observada a presença de certa estrutura narrativa, será documentário todo filme em que o diretor tiver uma responsabilidade ética para com sua personagem. A natureza da estrutura nos diferencia de outros discursos não ficcionais, como o jornalismo, por exemplo. E a responsabilidade ética nos afasta da ficção.[29]

Parece então que a obra de Maxim Biller, tocou justamente nesse limite ético que separaria os campos da ficção e do biográfico.

Até aqui, parece que o debate está situado no campo da recepção ou dos efeitos que obras que têm referentes na realidade podem produzir. Gostaríamos de migrar a nossa atenção agora para a produção ou ainda, nos perguntar de que *processo*

---

28 J. Moreira Salles, A Dificuldade do Documentário, em J. de S. Martins; C. Eckert; S. Caiuby Novaes (orgs.), *O Imaginário e o Poético nas Ciências Sociais*, p. 62.
29 Ibidem, p. 68.

se trata no caso de obras que têm como ponto de partida um desejo de *autorrepresentação*.

Parece existir uma diferença entre o discurso referencial na história, no documentário ou numa biografia onde as informações podem estar sujeitas a verificação de outros. No caso da autobiografia, seu interesse reside, justamente, no fato de que, o que ela nos conta, só o autor pode contar. Como diz Lejeune:

> é paradoxal, mas a importância não está em que as informações, possam ser, de fato, verificadas, mas que o autor sustente de que se trata de *sua verdade*.[...] Se na relação que estabelece com a história (distante ou contemporânea) da personagem, o narrador se engana, mente, esquece ou deforma, – o erro, mentira, esquecimento ou deformação tomarão simplesmente, se os distinguimos, valor de aspectos, em meio a outros, de uma enunciação que permanece autêntica[30].

Mas que verdade é essa, já que nessa afirmação de Lejeune a ideia de verdade parece assumir outras proporções que não a de um vínculo de confiança entre os homens que partilham intersubjetivamente um mundo comum?

Ficções Verdadeiras: Memória e Fabulação

Se até aqui o pêndulo pareceu mover-se em direção a uma separação mais clara entre o real e o ficcional, pretendemos agora caminhar no sentido contrário e reaproximar os dois terrenos. Procuraremos fazê-lo ainda não no território livre da criação artística, onde nos parece fácil demais sustentar o "tudo é ficção", mas no plano complexo dos nossos mecanismos de produção de imagens do passado e de nós mesmos.

Retomemos a problemática da memória, mas agora sob o ponto de vista da psicanálise, a partir da célebre ideia do *bloco de cera* de Sigmund Freud. Através da imagem do bloco de cera – já evocada por Platão – Freud sustenta que as lembranças ficam registradas numa camada mais profunda, que para ele é o inconsciente. O retorno ao passado não pode se dar de maneira direta e sofrerá sempre as distorções desse trânsito mediado entre inconsciente e consciente. Para a discussão

---

30 *Le Pacte autobiographique*, p. 39 (grifo nosso).

realizada neste trabalho, nos interessou sobretudo a análise realizada no texto "Lembranças Encobridoras". Nele, Freud problematiza o funcionamento da memória no que diz respeito às nossas primeiras lembranças de infância. O autor se pergunta sobre a razão pela qual, na maioria das pessoas, só é possível organizar cronologicamente e hierarquizar o passado (dentro de uma relação de maior ou menor importância dos fatos) a partir dos sete anos de idade. O que se mostra é que o processo de rememoração das experiências anteriores a esse período se aproxima muito do mecanismo verificado em pacientes diagnosticados como histéricos ou neuróticos. Ou seja, o acesso às lembranças anteriores ou não se dá, ou muitas vezes se dá de forma indireta, não obedecendo ao que temos como princípios claros de rememoração como, por exemplo, o da importância do fato rememorado. É verdade que, mesmo nas crianças, a maioria das lembranças está relacionada a eventos marcantes, mas o que surpreende Freud é justamente o que escapa a essa regra. Percebe-se então que uma série de lembranças, aparentemente inofensivas, cotidianas, desimportantes, permanecem na memória – e não só, permanecem com clareza *demais*, enquanto eventos contemporâneos de grande importância são completamente apagados, ou, como prefere Freud, *omitidos* da memória.

O autor cita o caso de um professor de filologia que trazia a lembrança distante, datada de seus três ou quatro anos de vida, em que se recordava de uma mesa sobre a qual se encontrava uma bacia de gelo. Do mesmo período data o falecimento de sua avó que, segundo os pais do professor, foi algo que afetou muito fortemente o garoto. No entanto, desse fato ele em nada se recordava. Em muitos outros casos Freud verifica o que ele denomina ser uma "impressionante escolha executada pela memória entre os elementos da experiência". E, como ele mesmo propõe, "devemos primeiro indagar por que se suprime precisamente o que é importante e se retém o indiferente"[31]. O autor caminha então para a ideia da existência de forças que se apresentam em disputa no inconsciente: uma que tenderia a preservar o evento significativo, e outra que opera sob a lógica da resistência. No embate entre essas forças o que acontece é

---

31 S. Freud, Lembranças da Infância e Lembranças Encobridoras, *Sobre a Psicopatologia da Vida Cotidiana*, p. 337.

que a memória *produz uma lembrança*, deslocando o vivido – ora por substituição ora por contiguidade, de forma que "os elementos essenciais de uma experiência são representados na memória pelos elementos não essenciais da mesma experiência"[32]. Tal conclusão será justamente o que dará a chave para a lembrança do professor de filologia: em posterior processo de análise, descobre-se que a avó foi velada na mesa de jantar da casa da família e que na impossibilidade de acessar a imagem traumática, a memória processou esse evento substituindo o corpo da avó pela imagem inofensiva de uma bacia de gelo. Esse "impressionante mecanismo", como nos fala Freud, chega ainda mais longe ao percebermos que não somente uma memória inofensiva toma o lugar de uma memória traumática mas, mais ainda, uma memória inofensiva que *nunca* existiu enquanto evento pode ser *criada* pela memória para omitir o evento significativo. A lembrança foi forjada pela memória ao fundir duas experiências e criar com isso uma cena "ficcional".

Ainda sobre o potencial criativo da memória, a partir de uma determinada fase de sua reflexão e de sua práxis clínica com pacientes sofrendo de histeria, Freud havia começado a desconfiar das cenas de sedução que elas lhe relatavam e conclui que eram apenas fantasias que elas haviam inventado ou que ele próprio havia forçado nelas. E conclui também que no tocante à neurose, a realidade psíquica era de maior importância que a realidade material. Mas o que é ainda mais decisivo na descoberta de Freud é que tais fantasias que se apresentam (inclusive para aqueles que as criaram) como recordações verídicas, não são apanágio das histéricas e neuróticos em geral, mas também de pessoas ditas "normais".

Retomando o caso do professor de filologia, Freud também generaliza essa experiência dizendo que "com frequência, as pessoas constroem tais coisas inconscientemente – quase como trabalhos de ficção"[33] e afirma, sobretudo, que as memórias inventadas *agem* sobre cada um de nós de forma tão potente quanto as memórias reais.

---

32   Ibidem, p. 346.
33   Ibidem.

"É NECESSÁRIO INVENTAR A FORMA QUE CONVÉM A CADA EXPERIÊNCIA"

A ideia de que a vida é uma sucessão de fatos passíveis de serem organizados numa linha cronológica em que todos os eventos seriam mais ou menos acessíveis à consciência se não fosse por uma certa falibilidade da memória, é radicalmente questionada por Freud, mas não é suficiente para abalar definitivamente o modelo autobiográfico moderno. Continuamos a tomar a ordem cronológica como uma espécie de ordem natural das coisas e que, portanto, seria a que melhor se adequaria a uma *história de vida*. O fato de que a maioria das autobiografias se assente sobre o modelo romanesco não impressiona já que é também a partir desse modelo que nós, na maior parte do tempo, contamos a nossa história.

Se pensarmos nas problemáticas que a memória, da forma que a estamos tomando neste trabalho, levanta, não há por que pensar que a ordem cronológica seja, necessariamente, a que melhor corresponda à maneira como nós, subjetiva e psicologicamente, vivenciamos as experiências e nos relacionamos com elas. Esse problema nos leva diretamente ao campo da *forma*, campo este muitas vezes renegado dentro de um olhar mais clássico sobre o autobiográfico – já que o foco numa narrativa autobiográfica recairia sobre a singularidade de seu conteúdo, somado simplesmente ao *estilo* que o autor emprega para falar de si e de sua própria história. Mas se questionarmos essa naturalidade do tempo tomado enquanto cronologia, seremos capazes de entender melhor os experimentos radicais no século XX e XXI no campo da expressão autobiográfica. Muitos dos estigmas que pairam sobre o autobiográfico se relacionam à ideia de um modelo único, incapaz de dar conta da complexidade da vida e dos sentimentos. Em relação à questão temporal, Lejeune provoca os autores: "quem os obriga a utilizar a fôrma dada da narrativa linear? Por que não inventar, justamente, a forma que convém a sua experiência?"[34]

É, portanto, necessário *inventar a forma que convém a cada experiência*. Essa afirmação é chave dentro da reflexão

---

34 Op. cit, p. 200.

que estamos propondo. Em primeiro lugar, porque ela afirma que não há uma maneira natural, objetiva de se narrar a vida, em segundo lugar, porque traz para o plano da invenção a produção dos enunciados sobre a nossa experiência.

Se, por um lado, o autobiográfico aclamado enquanto gênero puro, distinto da ficção, incomoda pelo que parece ser uma pretensão ingênua ou mesmo uma limitação expressiva baseada no contingencial e no anedótico, por outro lado, a arte contemporânea mostra a imensa quantidade de artistas que recorrem a sua experiência pessoal como base e material para a criação como veremos adiante.

2. Do Diário à Cena

AUTOESCRITURAS ORDINÁRIAS: OS DIÁRIOS

> *Não se trata apenas do fato de que o autor do diário elege o que vai inscrever do real que lhe cerca. A electio (seleção) retórica é parte de todo discurso. O autor cria um universo íntimo e a realidade que lhe envolve conforme sua capacidade de transpor e saltar entre imagens e palavras, palavras e imagens.*
>
> MÁRCIO SELIGMANN-SILVA, *O Esplendor das Coisas*

Gostaríamos de chamar a atenção para um recorte específico dentro das produções de caráter autobiográfico: o diário. Como coloca Seligmann-Silva, a atenção que o diário vem recebendo nos estudos sobre o autobiográfico provavelmente se deva ao limite em que essa prática se encontra em relação à literatura. "O diário é a aporia. É o grande fantasma da literatura desde o romantismo, que vem sendo exorcizado pelos adeptos da 'arte pela arte' de diferentes matizes e gerações, mas que comungam do mesmo purismo e aversão ao real."[1] A autobiografia literária é apenas uma dentre as várias possibilidades de escritas do eu.

---

1 M. Seligmann-Silva, O Esplendor das Coisas, *Escritos*, n. 3, p. 163.

O diário pode ser visto como uma prática social muito mais ampla e que se move em diferentes terrenos, podendo dialogar com a sociologia, a história, a psicanálise e, por que não, a arte.

Mais adiante, será preciso sublinhar a ideia do diário como *prática*, pois acreditamos estarem aí compreendidas noções como a de performance, de ato e de processo, noções estas, que nos serão necessárias para estender a discussão, na tentativa de aplicá-la ao que estamos chamando de "estratégias para a construção cênica" a partir do depoimento pessoal e do trabalho com arquivos.

Não existe nenhum registro de diário pessoal que seja anterior ao fim da idade média. A expansão do gênero somente neste momento histórico se deve a dois fatores principais: a chegada do papel na Europa e a invenção do relógio mecânico e do calendário anual. As possibilidades de registro permanente de um lado (contra a efemeridade das antigas tábuas de cera, por exemplo) e uma nova relação com o tempo vivido marcado por essas novas possibilidades de se medir o tempo, somados à passagem de um tempo cíclico para um tempo linear, vão dar as primeiras chaves para a construção de uma maneira de narrar-se que vai se consolidar plenamente no século XVIII, onde vimos emergir o primeiro grande projeto autobiográfico através de Jean-Jacques Rousseau.

Mas o que é um diário, afinal? Podemos pensá-lo a partir de suas características: um diário é necessariamente descontínuo; ele é lacunar, alusivo (como não é feito para o outro, ele serve de signo mnemônico para aquele que escreveu, no qual por meio de pequenos rastros ele pode chegar a conteúdos que não estão expressos ali), é ainda redundante e repetitivo (podemos pensar nos temas que nos perseguem como trabalho, relacionamentos amorosos e família) e não narrativo (mesmo se cada entrada conta alguma coisa, um diário não é construído em seu todo como uma narração)[2]. Sobre esse último aspecto que apontamos, é interessante pensar que um diário é necessariamente escrito sob o signo do presente. O passado, assim como a memória, têm papéis secundários nessa prática. Ele é marcado pela vivência imediata, pelo contingente e, sobretudo, é escrito na ignorância

---

[2] Cf. P. Lejeune, *Signes de vie*.

de seu fim, como o propõe Roland Barthes em seu *Diário de Luto* escrito depois da morte da mãe. Se ele pretende a unidade é por tentar forjar no sujeito uma identidade narrativa. Quem escreve um diário forja essa continuidade na materialidade do suporte (um caderno, por exemplo), na numeração dos anos, na tentativa de estabelecer pequenos diálogos com o "eu" que escreveu em datas anteriores. Mas não escapa da impossibilidade narrativa já que, como aponta Seligmann-Silva, nesse tipo de escritura, tudo se encontra *em estado de acontecer*. Quem lê um diário se encontra na mesma posição de seu autor: ambos não sabem o que se seguirá – o que pode gerar uma cumplicidade entre ambos. O autor sublinha ainda, como problemática específica do diário, a *enargeia* ou "efeito de presença":

O diário possui também uma respiração, um ritmo, que expressa e aponta para a situação anímica e corpórea de seu autor. Os traços materiais inscritos no diário – que muitas vezes se desdobram em características bem sensíveis, matéricas, como o estado do papel, a caligrafia, os borrões de tinta, as rasuras etc. – apontam para o teor testemunhal do diário.[3]

Nos parece que este conjunto de características reforça o caráter altamente performativo da prática do diário.

O DIÁRIO COMO ATO

Primeiramente, o diário deve ser tomado mais como uma prática do que como produto. Ele projeta uma identidade, ao mesmo tempo que é um ato de resistência contra uma memória falível já que tenta ser registro do vivido. No entanto, o fracasso inevitavelmente abraça essas duas tentativas.

O diário é como uma renda ou teia de aranha. Ele é aparentemente feito mais de vazios do que de cheios. Mas para mim que escrevo, os pontos de referência discretos que inscrevo sobre o papel mantêm em suspenso em torno deles, invisível, um mundo de outras lembranças. Por associação de ideias, por alusão, sua sombra, sua virtualidade vão pairar um certo tempo. Aos poucos, elas se evaporam, como uma flor que perde seu perfume[4].

3   M. Seligmann-Silva, op. cit., p. 162.
4   P. Lejeune, *Le Signe de vie*, p. 83.

Isso que se "evapora", é capaz, por exemplo, de tornar completamente estranho um escrito onde os traços que ali permanecem não permitem mais o acesso à história e a suas personagens, seus motivos e suas consequências. Vladimir Safatle, ao pensar os processos através dos quais constituímos uma imagem de nós mesmos, fala das experiências de estranhamento em relação à nossa própria imagem, essa que se projeta num registro escrito, mas também em relação ao nosso próprio corpo em fotografias e espelhos[5]. Num diário, a identidade que se pretendia projetar termina por se mostrar muito pouco estável nos fragmentos desconexos à mercê das contingências e do imediatismo dessa escrita. A vida "em estado de acontecer", a ignorância do futuro e o descontínuo em relação ao passado, nos deixam diante de uma performance que atualiza o processo de figuração do eu e da experiência ao mesmo tempo que faz do registro estratégia de sobrevivência do vivido.

O diário é também um "ato linguístico-literário" ou, ainda, um "trabalho de acumulação criativa de fragmentos", nas palavras

---

[5] Cf. V. Safatle, *Lacan/VladimirSafatle*. Gostaria de ilustrar este fenômeno com uma experiência que vivi. Ministro oficinas de teatro nas quais venho trabalhando temas como memória e autorrepresentação. Em certa ocasião, em uma dessas oficinas, propus um exercício onde cada participante deveria se apresentar ao grupo fazendo cinco poses no espaço, ou seja, propondo cinco imagens corporais de si mesmo que de alguma maneira o apresentassem ao grupo. Essas poses eram registradas em fotografia. O passo seguinte era que os participantes vissem essas imagens projetadas na tela e escrevessem um pequeno texto de apresentação que seria acrescentado a essas cinco fotografias. O texto deveria ser em terceira pessoa. Ou seja, as imagens seriam acompanhas de algo como "Ela parece satisfeita...ela é tímida etc." Seria a apresentação de si mesmo para o grupo. As pessoas tinham o tempo de ver suas cinco imagens, escrever seu pequeno texto e depois, uma por vez, liam o texto ao grupo ao mesmo tempo que víamos as cinco imagens. Relato a situação porque quando chegou a vez de uma das pessoas que estavam ali presentes se apresentar, ela disse "eu não fiz o exercício". Então eu perguntei se eu não tinha sido clara na proposta. Ela falou que não era esse o problema e disse então a frase que me impressionou: "Eu não me reconheço". Ela disse que estava acostumada a escrever, que não era esse o problema, mas que aquelas imagens não diziam nada sobre ela, que ela não se reconhecia, ela disse "não sou eu". Fiquei bastante tocada já que foi de certo modo angustiante para ela não ter se reconhecido nas próprias imagens que ela havia escolhido para oferecer ao grupo. Safatle propõe que essas imagens que produzimos podem se apresentar a nós de maneira conflituosa dependendo dos modos como o processo de *internalização do eu* foi se dando ou se de algum modo esse enraizamento não se deu completamente, deixando algo de disforme nessa percepção. Essa de-formação, no sentido de uma forma que não se fecha, pode gerar essa sensação de estranhamento, de distanciamento ou às vezes de assombro.

de Seligmann-Silva. E aqui, o autor se opõe à visão de Lejeune que tenta manter bem demarcado o limite entre a ficção dentro de um projeto de construção literária (aqui, incluindo a autobiografia já numa fase posterior de suas pesquisas) e a não ficção de um projeto que seria ancorado na imediata expressão da verdade do autor no caso dos diários. Essa separação rígida não convence Seligmann-Silva que, ao contrário, entende que o processo de ficcionalização é inerente a toda narrativa. "Não se trata de uma 'antificção', como quer Lejeune, mas de uma inscrição da vida – e da morte, vale acrescentar, pensando em toda escrita como autotanatobiografia – na qual a fantasia e a literatura não impedem que acreditemos no 'real' que estava na sua origem."[6]

Seligmann-Silva sublinha ainda o mérito de Lejeune em valorizar o diário, contrariando uma tradição mais purista, mas acredita que o autor francês o faz por motivos equivocados. Lejeune traça uma linha entre o diário e a ficção que é não só facilitadora e confortável, mas que para Seligmann-Silva é também equivocada e positivista já que bloqueia justamente o que o diário possui de mais rico e complexo: a "indizibilidade entre o real e a ficção".

O DIÁRIO COMO MATÉRIA-BRUTA PARA A CRIAÇÃO OU O TRABALHO SOBRE ARQUIVOS

Recorrer aos arquivos não é apenas revirar o passado que foi alvo de registro. Há também o pensamento de quem o constituiu e o ordenou, pois não existe uma forma natural de acumular imagens, a não ser dentro da perspectiva sempre fracassada de acumular todas as imagens. Assim, o que se oferece à leitura não é apenas o passado, mas os outros tantos olhares que já se lançaram sobre ele, criando novas zonas de foco e desfoque que, em parte, garantem sua sobrevivência e, em outra parte, decretam sua morte. A utilização do material de arquivo é uma estratégia subjetiva, estética e, ao mesmo tempo, ético-política.[7]

Gostaríamos de estender o pensamento estabelecido até aqui sobre a prática do diário, para uma outra prática que é a da

---

6   M. Seligmann-Silva, op. cit., p. 162.
7   A. Brasil et al., Texto da Comissão de Seleção, *Catálogo do 15º Vídeo-Brasil*, Associação Cultural Videobrasil.

constituição de arquivos pessoais. Agora, não só no campo da escrita, mas também no campo da imagem (estática e em movimento), podemos flagrar esse "passado que foi alvo de registro" e, mais ainda, perceber nele "o pensamento que o constituiu e o ordenou".

Podemos ainda perceber que estes arquivos demandam trabalho. Trabalho de leitura e de recomposição. Ao mesmo tempo que oferecem material para inúmeros campos, como a história e a arte. No último foco desta pesquisa, podemos citar muitos exemplos da fecundidade do material de arquivo quando usado na construção artística: no campo do documentário experimental, o filme *Tarnation* de John Caouette, onde o autor recupera os vídeos em família feitos ao longo de trinta anos; na fotografia de Nan Goldin (que ela mesma chama de "Diaries"); nos trabalhos da artista plástica Sophie Calle (que traz também a presença de objetos como *arquivos* – como no livro e exposição *Histórias Reais* no qual os objetos funcionam como relicários das memórias [reais ou inventadas?] que Calle conta); na obra do escritor George Perec, debruçada sobre documentos de sua história pessoal e seus registros autobiográficos, sobretudo no que toca ao desaparecimento da mãe nos campos de concentração nazistas. No teatro, podemos citar, por exemplo, a argentina Vivi Tellas, que tem seu projeto teatral batizado, justamente, de "Les Archives" (Os Arquivos), o que, no seu caso, faz referência aos não atores que emprestam suas histórias reais e estão eles mesmos em cena, como *arquivos vivos*. Tellas diz que pessoas são arquivos de experiências e saberes. São também "pequenos mundos em extinção", já que todo arquivo traz o fantasma da morte de algo que não existe mais ou em breve não existirá. O próprio Lejeune constata esse potencial criativo dos arquivos e diários ao relatar o caso do coreógrafo Denis Plassard que, depois de sair de uma exposição sobre a história da prática do diário, decidiu "mettre en danse" (coreografar) o diário de uma adolescente do século XIX.

A revisitação dos registros autobiográficos no formato de arquivos no processo artístico que segue em paralelo a esta pesquisa teórica e mesmo as diferentes formas de registrar o próprio processo criativo revelaram que estas várias maneiras de armazenar, contar, organizar as experiências, geram diferentes materiais, dependendo de seu "suporte". Como apresentado brevemente, a experiência de *Conversas Com Meu Pai* parte de alguns materiais principais, sendo eles: a comunicação por escrito de um homem que não fala, os diários escritos pela filha entre 1993 e 2011, o registro em vídeo feito entre 2008 e 2011 do pai, da sua rotina e figuras do seu entorno, e o próprio diário do processo criativo, iniciado em 2008 quando nasceu o desejo de realizar uma obra de matriz autobiográfica. Ao lado do material de arquivo e do material produzido, há também rolos de super-8 recolhidos em feiras de antiguidades, que guardam memórias familiares perdidas. O potencial do uso do material de arquivo também se verificou na experiência de *Festa de Separação: Um Documentário Cênico* em que o registro em vídeo de uma vida de casal ao longo de alguns anos, somado aos registros do processo criativo, que se deu através de *festas de separação*, geraram os principais materiais que estruturam o jogo proposto pela encenação. Em cena, os intérpretes manipulam trechos de vídeo, seja para dar conta da *dramaturgia de sua história pessoal*, seja para trazer ao público a experiência de ter realizado verdadeiras *festas de separação*, principal eixo narrativo da peça.

Tomando as artes cênicas como referência, podemos destacar o uso da imagem projetada dentre os principais recursos mobilizados e que revelam a potencialidade do trabalho com arquivos. Como coloca Gabriela Lírio, problematizando a representação autobiográfica em cena:

> O uso de novos dispositivos de captação do real através do depoimento/relato contribui para aguçar a crise da imagem do sujeito, reverberando suas fraturas ao evocar memórias suas e de outros que compõem sua biografia. Ao utilizar imagens projetadas, fotos, vídeos, slides, imagens de computadores, trechos de filmes, reprodução de espaços de intimidade, entrevistas, a vida como produto da narração vê-se transformada em espetáculo imagético, em "efeito cinema".[8]

No jogo entre memória e fabulação, esses arquivos podem ser ressignificados num novo contexto, reforçando as possibilidades associativas, o gesto autoral e o caráter inventivo das narrativas autobiográficas.

[8] (Auto)biografia na Cena Contemporânea, em *Portal Abrace*, 2010, p. 10, disponível em: <http//www.portalabrace.org>.

A FORMA "DIÁRIO" NA CONTEMPORANEIDADE

Tomando o termo diário como base, identificamos nas experiências artísticas citadas e em inúmeras outras, algumas formas de registro que gostaríamos de pontuar:

O diário como narrativa textual do vivido: retomamos aqui a definição mais comum do termo diário como sendo o exercício ou prática de dar forma escrita às próprias vivências e reflexões sobre as mesmas, podendo se tratar de todo tipo de texto independente do suporte (papel, computador, plataformas *online* etc.).

O diário como registro-imagem da experiência[9]: através de suportes como câmeras fotográficas ou de vídeo, produzimos imagens da experiência e "imprimimos" um olhar sobre elas nestas superfícies, constituindo arquivos pessoais.

O diário como acúmulo de indícios da experiência: aqui podemos pensar na constituição de acervos, inventários, cartografias, que formam todos uma espécie de memorial da experiência[10] e são compostos pelos mais variados tipos de documentos como cartas, objetos e também elementos que associamos a determinada vivência como textos, músicas, filmes e imagens.

O diário de processo – podemos lançar mão dos recursos de todos os outros (escrito, imagens, indícios) mas tendo como objeto a própria criação. Nesses diários podemos acompanhar a evolução do processo, seus ires e vires, as referências, as reflexões suscitadas, as associações que promove, as hesitações, as

---

9 Cito ainda o documentário *Diários,* de David Perlov, em que o cineasta registra durante trinta anos o cotidiano seu e de sua família e o da cidade de Tel Aviv através da janela do seu apartamento e dos noticiários de TV. Nas palavras dele: "Maio de 1973, eu compro uma câmera. Eu começo a filmar a mim mesmo, para mim mesmo. O cinema professional não me atrai mais. Eu filmo um dia depois do outro, em busca de outra coisa. Procuro antes de tudo o anonimato. Eu precisarei de tempo para aprender como fazer", ver *Particules*, n. 11, oct.-nov., 2005, p. 4. (Tradução Nossa).

10 Podemos pensar na ideia de Arquivos Líricos surgida nos anos de 1980 na Rússia, em que, em face do consumismo crescente, tentava-se encontrar nos objetos um lugar de "pouso" para a experiência humana. Ou seja, os objetos não tinham valor em si, mas a partir da conexão que se podia estabelecer com eles a partir das experiências que neles estivessem impressas.

intuições e *insights*, os fracassos, enfim, todo o movimento complexo de um processo criativo. O que observamos é que não só as modalidades anteriores podem servir de base para a criação, mas que a narrativa e registro do próprio processo criativo são hoje amplamente incorporados às obras finais, (muitas vezes sendo o próprio assunto e motivo da obra). Seja dentro de uma proposta metalinguística, seja tematizando a ideia de processo e os temas que daí emergem, a arte contemporânea escancara os meandros de suas criações e converte esses diários em obras. Essa característica nos faz dedicar aqui uma maior atenção a essa modalidade já que, nesses casos, a narrativa de processo termina por ser o grande articulador dos demais elementos. Podemos perceber isso com clareza em obras como o documentário *Santiago* (2007) de João Moreira Salles onde o autor revisita o material colhido dez anos antes e narra o processo de se chegar ao filme. Ou no espetáculo *Ficção* (2012) da Cia. Hiato no qual uma série de seis monólogos autobiográficos tem seu eixo dramatúrgico principal na narração do processo para encontrar a forma final de cada solo. Outro exemplo é o livro *Em Que o Tango Pode Ser Bom Para Tudo* (1989) de Raimund Hoghe no qual as anotações do processo de criação de um espetáculo de Pina Bausch é publicado como uma obra autônoma.

O diário de processo pode, portanto, se converter em obra como o livro citado ou servir para alimentar a criação na medida em que constituem uma espécie de banco de materiais de onde podem nascer, no caso das artes cênicas, possibilidades de dramaturgia, de cenas. Por meio do diário de processo podemos acompanhar os elementos que poderão fazer parte da obra acabada, como por exemplo um diálogo que nasce do improviso dos atores e mais tarde vai integrar a dramaturgia de uma peça, mas podemos, como gostaríamos de sublinhar, também olhar para o diário de processo como algo que tem potencial artístico *em si*.

3. O Autobiográfico no Teatro

PERFORMATIVIDADE E SUJEITO SOLO

Gostaríamos de propor agora uma reflexão sobre o crescente uso de material autobiográfico na cena contemporânea e pontuar os modos através dos quais esta prática vem fomentando novas possibilidades de composição: seja em processos chamados "colaborativos", em que os atores contribuem ativamente na criação da dramaturgia, seja em propostas nas quais o uso do material autobiográfico é o próprio cerne do projeto do artista ou do grupo como em trabalhos de performance e, mais recentemente, em vertentes associadas ao chamado Teatro Documentário ou, ainda, os Teatros do Real.

O século XX para o teatro do Ocidente é marcado por uma forte desdramatização da cena e pelo enfraquecimento de seu edifício ilusionista sustentado, sobretudo, pelos pilares da fábula, da personagem e da separação entre palco e plateia. Das vanguardas históricas no início do século à ampla experimentação dos anos de 1970, as artes cênicas se hibridizam, explodem suas fronteiras e interagem com outras artes, outras mídias, repensando seus princípios no âmbito dos espaços que adentra e produz, dos corpos que engaja e como os engaja, e da relação que busca com o espectador. A mudança paradigmática das artes no século XX diz respeito à substituição da tríade criatividade / meio / invenção, pela tríade atitude / prática / desconstrução[1]. Nesse sentido, cada vez mais, o artista é convocado a se colocar. Ele assume sua obra, seu discurso, se despe das personagens e, em seu próprio nome, assume a cena para trazer sua visão de mundo, sua história, seu próprio corpo marcado por essa história e visão. Não à toa, a *performance art*, a partir dos anos de 1970, vai marcar profundamente as artes cênicas exigindo novas configurações, novos conceitos, novos modos de pensar a cena para os quais autores como Hans-Thies Lehmann e Josette Féral respondem com termos como o "pós--dramático" ou o "performativo".

O que nos interessa neste pequeno preâmbulo é reforçar o que, dentro deste panorama, convida o artista a engajar-se em primeira pessoa e transformar a cena, a obra, num depoimento próprio, afirmado, que não se confunde mais com o discurso de uma personagem ou um autor-dramaturgo que não seja ele próprio. Este é um gesto marcante da contemporaneidade, frequentemente associado à performance, em que "o trabalho passa a ser muito mais individual", já que a performance é:

a expressão de um artista que verticaliza todo seu processo, dando sua leitura de mundo, e a partir daí criando seu texto (no sentido sígnico), seu roteiro, sua forma de atuação. O performer vai se assemelhar ao artista plástico, que cria sozinho sua obra de arte; ao romancista, que escreve seu romance; ao músico, que compõe sua música[2].

Patrícia Leonardelli, em seu estudo se dedica, justamente, a percorrer os traços desse processo de explicitação do depoimento pessoal e, diferentemente do caminho de Renato Cohen que chega na performance pelo caminho das artes plásticas; da *live art*, da *body art* e dos *happenings* nos anos de 1960 e de 1970, Leonardelli retraça a partir de Stanislávski o caminho em direção ao depoimento pessoal na performance. Stanislávski foi o primeiro a acionar os conteúdos históricos de cada ator, afim

---

[1] Cf. T. De Duve, When Form Has Become Attitude -and Beyond, em S. Foster; N. Ville (eds.), *The Artist and The Academy*.
[2] R. Cohen, *Performance Como Linguagem*, p. 37.

de dar mais complexidade às personagens. O ator deveria ser capaz de associar suas próprias vivências àquelas das personagens, e a resultante final seria a personagem de ficção tornada mais complexa, mais real, já que impregnada das vivências pessoais do ator. Mas, como se pode perceber, aqui o depoimento desaparece enquanto expressão autônoma na cena, servindo apenas como substrato, e permanecendo escondido. A pesquisadora passa então ao estudo do trabalho de Jerzy Grotowski em que é possível perceber um processo claro de rarefação dos contornos do que se poderia entender mais convencionalmente como uma personagem, e a afirmação cada vez mais intensa da presença *corpo-mente* do intérprete – ou do *performer* como ele mesmo vai designar. Aqui também o depoimento pessoal, a singularidade do corpo e as histórias de cada um serão a chave do processo, no entanto, tendo como norte a busca de que essa singularidade se dissipe no encontro de um corpo e mente míticos, universais. A cena não é então a expressão desse depoimento, mas o depoimento é o caminho para se atingir a expressão de uma espécie de inconsciente coletivo no qual a história de cada um passa a ser a história de todos.

É somente com a *performance art* que os depoimentos vão ganhar dimensão autônoma, como vemos nos trabalhos de artistas como Marina Abramović, Joseph Beuys e Spalding Gray. Nos trabalhos desses artistas podemos ver a noção de depoimento radicalizada, seja a partir do uso do próprio corpo colocado em situações limite, exposto a experiências e, portanto, vivências únicas das quais a performance é ao mesmo tempo ato e relato (pois que ela se processa no tempo do acontecer, mas também no espaço de ver ou testemunhar do público), seja na retomada de elementos biográficos como memórias, arquivos pessoais, que podem integrar a performance num exercício de autorrepresentação radical em que essa memória é tomada de inventividade, através do gesto criador. Como diz Leonardelli, "a autenticidade do depoimento pessoal se legitima definitivamente não pelo compromisso com os conteúdos históricos, mas pela capacidade de recriação do vivido cujo produto é a cena-depoimento, a performance"[3]. Neste percurso – de

---

3   P. Leonardelli, *A Memória Como Recriação do Vivido*, p. 222.

Stanislávski, passando por Grotowski e culminando na performance – o que temos é um processo de desficcionalização da cena e um abandono da personagem em direção ao eu afirmado do artista, expresso "de forma cada vez mais autônoma na composição global da cena"[4].

Dentro desse processo de autoralidade (que pode se debruçar sobre aspectos da *mise-en-scène – organização sígnica–*, sobre explorações com a manipulação do tempo e espacialidades – *organização tempo/espaço*), destacamos o uso de materiais autobiográficos ou da *organização pelo self*[5].

Nesse sentido, são significativos os trabalhos de performers como Jo Spence e Karen Finley, nos quais podemos ver essa escrita autobiográfica radicalizada. A estreita ligação entre performance e autobiografia é também pontuada por Ana Bernstein: "Tanto a autobiografia quanto a performance são processos abertos, compreendendo uma miríade de formas possíveis. Talvez por essa razão, a performance solo tenha se tornado um meio tão privilegiado para investigações autobiográficas, abrindo novas possibilidades de representação do sujeito."[6]

Podemos buscar exemplos dessa exploração nas mais diversas áreas: os autorretratos de Cindy Shermann e os ensaios biográficos de Nan Goldin nas artes plásticas, os citados Spalding Gray e Marina Abramović na performance, as memórias dos escritores Peter Sterházy ou George Perec na literatura, David Perlov no cinema (e seus diários filmados ao longo de anos), o trabalho no teatro da espanhola Angélica Liddell.

O DEPOIMENTO PESSOAL COMO ESTRATÉGIA PARA A CRIAÇÃO CÊNICA

Na cena atual, amplamente influenciada pelo caráter performativo, podemos encontrar diversos exemplos do recurso ao autobiográfico (ainda que canalizado para diferentes projetos de encenação). O autobiográfico pode aparecer na forma de

---

4   Ibidem, p. 210.
5   R. Schechner apud R. Cohen, op. cit, p. 86-87.
6   A. Bernstein, A Performance Solo e o Sujeito Autobiográfico, *Sala Preta*, v.1, n.1, p. 13.

um texto, de algo que se assemelhe a um depoimento ou relato a partir de uma experiência vivida. Mas não só um texto configura um depoimento autobiográfico. No trabalho de Pina Bausch, por exemplo, o depoimento aparece na forma de ações, gestos, movimentos. Segundo Mirian Rinaldi: "o depoimento é uma qualidade de expressão de si próprio". Ao estabelecer uma relação entre o trabalho do Teatro da Vertigem e o trabalho na *Tanztheather* de Pina Bausch, a autora escreve que "em ambos os grupos, há uma valorização das experiências vitais e do arquivo histórico de cada indivíduo. Nesse sentido, as perguntas lançadas durante o processo sempre funcionam como evocações, espécies de chamamento ao depoimento pessoal."[7]

É interessante trazer aqui o Teatro da Vertigem, já que o grupo é exemplar de uma prática que se tornou corrente, os chamados "processos colaborativos" tão em voga no teatro contemporâneo de São Paulo. Um dos pontos chave desse fazer colaborativo é a ênfase sobre o processo e a pesquisa, visto que é dessa instância que resultará a encenação e a dramaturgia (e não de um trabalho isolado de um encenador ou de um dramaturgo). Os materiais são gestados em sala de ensaio (aqui, qualquer espaço de trabalho, visto a profusão de processos que acontecem em espaços alternativos), por meio da contribuição dramatúrgica e cênica de todos os participantes do processo. Os atores são convocados, através das proposições gerais do processo como temas, questões, procedimentos, a trazerem seus materiais, sendo assim responsáveis pelas escolhas no que refere à encenação (escolha de espacialização, luz, som) e à dramaturgia (não só os textos proferidos em cena, mas também as situações, as relações, as personagens). Não nos interessa aqui adentrar os meandros dos processos colaborativos, as delicadas questões no que toca à noção de autoria, mas apenas identificar, nesses processos, um terreno fértil para o trabalho com material autobiográfico. No caso da experiência do Vertigem, como nos relata Rinaldi, esse espaço se dá na forma dos chamados *workshops*, sendo ele "uma cena criada pelo ator em resposta a uma pergunta ou um tema lançado em sala de ensaio"[8]. No

[7] M. Rinaldi, O Processo Colaborativo no Teatro da Vertigem, *Sala Preta*, v. 1, n. 6, p. 138.
[8] Ibidem, p. 136.

trabalho do Teatro da Vertigem o chamado *workshop* é a atividade que melhor potencializa as qualidades do depoimento artístico autoral, pois é o espaço onde "cada palavra ou pergunta deve ser trazida para o campo pessoal do ator e associada a algum fato de sua vida ou de sua experiência"[9].

Em relação a esse material gerado, no caso de processos colaborativos (com ou sem a presença de um dramaturgo), o que se passa é que este texto poderá servir diretamente à dramaturgia, aparecendo inteiro no resultado final tal e qual ele surgiu na sala de ensaio, mas ele poderá também ser incorporado, seja por outros atores, seja por alguém (não necessariamente uma única pessoa) que, na função de organizar a dramaturgia ou de recriá-la, pode integrar esse material à dramaturgia total, de forma que se suprima completamente o caráter autobiográfico original. O que vemos nessa segunda possibilidade – do texto ser realizado por outro ator, ou ser transformado e incorporado em uma dramaturgia geral – é um procedimento de criação que engaja completamente os atores conferindo-lhes o papel de "ator-autor", mas que tende à ficcionalização, por meio dos temas para o qual o projeto como um todo deve convergir. De um eu que se apresenta de forma explícita, sem intermediação de uma fábula, no processo de ensaio caminha-se para um "eu personagem". Essa forma de trabalhar o depoimento pessoal como forma de geração de materiais pode ser observada nos trabalhos de importantes coletivos da cena paulistana como a Companhia São Jorge de Variedades, o Teatro de Narradores, o Grupo XIX de Teatro, entre outros. O caráter coletivo do teatro parece acentuar a necessidade de que o material convirja para os temas acordados e que possa migrar de uma camada mais explicitamente pessoal para algo que sirva ao projeto como um todo. Isso no caso do trabalho colaborativo. No caso de um teatro de encenador, em que a direção assume esse projeto geral e tem a consciência de para onde caminha a obra final, esses depoimentos surgem das provocações desses diretores e depois são manipulados por eles. Podemos também pensar na técnica da montagem, em que o "diretor-montador", a partir do seu material bruto – os depoimentos em forma de texto ou ação – recria esses

---

9   Ibidem.

materiais, ora se apropriando de seus termos, ora transformando-os, ora deslocando-os , sempre de modo a manter a autoria nesse olhar exterior à cena. Esse será o caso de várias obras do chamado "teatro documentário" que discutiremos a seguir.

TEATRO DOCUMENTÁRIO

Gostaríamos de propor uma outra perspectiva para o uso do material autobiográfico, dentro da vertente que alguns pesquisadores vêm conceituando como "teatro documentário". Exemplos como o do coletivo Rimini Protokoll, na Alemanha, o trabalho da diretora Vivi Tellas, na Argentina, ou do coletivo Mapa Teatro, na Colômbia caminham nessa direção e, no jogo que estabelecem entre os documentos da realidade e a cena, oferecem exemplos do que, segundo a pesquisadora Béatrice Picon-Vallin, é uma das pesquisas mais atuais da cena contemporânea[10].

Marcelo Soler, em seu *Teatro Documentário: A Pedagogia da Não Ficção*, localiza, na verdade, nos anos de 1920 o surgimento do teatro documentário, a partir das encenações de Erwin Piscator. Em seu livro pioneiro no Brasil, o autor mapeia diferentes expressões dessa linguagem passando pelo Living Newspaper, nos Estados Unidos, o Teatro Jornal desenvolvido no Brasil por Augusto Boal, até chegar ao nosso século com exemplos como o citado Rimini Protokoll na Alemanha.

Na cena brasileira, sem necessariamente se filiarem a uma corrente, inúmeros trabalhos fazem uso de material (auto)biográfico de forma declarada na cena. Destacamos os trabalhos da Cia. Hiato (*O Jardim, Ficção* – SP), Cia. Teatro Documentário (SP), Grupo Magiluth (*Aquilo Que Meu Olhar Guardou Pra Você* – PE), Cristiane Jatahy (*Corte Seco, A Falta Que nos Move* – RJ), Enrique Diaz (*A Gaivota, Otro* – RJ), Márcio Abreu (*Vida* – PR), Silvéro Pereira (*BR Trans* – CE), Alice K (*Travessias em Conflito* – SP), entre outros.

Em todos estes trabalhos, com propostas estéticas e políticas bastante diversas, temos em comum se tratar de obras onde

---

10 Em entrevista concedida pela ocasião do 1º Colóquio Sobre Teatro Documentário, São Paulo, 2011.

os materiais (auto)biográficos e não ficcionais são constitutivos da cena enquanto produto final (ou seja, os depoimentos e documentos vão constituir a dramaturgia e a cena finais, e não apenas fomentar um processo criativo). Nesse sentido, estamos distinguindo um teatro que *fale* da realidade – o que acontece por meio de toda obra seja ela de não ficção ou de ficção se tomamos como base o que nos propõe Paul Ricoeur ao dizer que todo enunciado é uma asserção sobre o mundo –, de um teatro que se constrói justamente na articulação entre referente, documento e pacto de verdade proposto ao público.

FIG. 1: Ficção *(2013)*, Cia. Hiato. *As irmãs Aline e Milena Filócomo em cena. Foto: Lígia Jardim.*

FIG. 2: BR-Trans *(2013). O ator Silvero Pereira em cena. Foto de Caíque Cunha.*

Modo "Documentarizante"

Roger Odin fala do "modo documentarizante". Segundo o autor não se trata de uma estrutura, mas de um "conjunto de processos em torno de um processo obrigatório: a construção de um enunciador real que pode ser interrogado em termos de verdade"[11]. Ficções históricas, por exemplo, segundo essa definição, não podem ser consideradas documentais, já que carecem do "enunciador real". Se temos como referência o cinema, com mais facilidade distinguimos filmes documentais das ficções "baseadas em fatos reais". O aspecto estilístico somado ao acordo proposto ao espectador parecem ser fatores determinantes para que uma obra seja definida como documental. Fernão Ramos fala de *indexação* já que o autor expressa sua intenção documental por meio de índices que a atestam e confirmam para o espectador que aquela obra deve ser recebida como documental[12]. Essa indexação no cinema documentário é facilmente percebida por meio de recursos como a voz *over*, as imagens de arquivo, as entrevistas. Bill Nichols classifica os documentários de caráter autobiográfico como "documentário em primeira pessoa" ou "documentário performático"[13]. Segundo Soler, o "modo performático" do documentário: "Enfatiza a pessoalidade daquele que compartilha a experiência, enaltecendo as dimensões afetivas e subjetivas do discurso. Muito ligado à experimentação de linguagem, não se preocupa com a objetividade da comunicação, servindo muitas vezes como depoimento pessoal do diretor e da realidade na qual ele se insere."[14]

São exemplos dessa vertente os trabalhos de Jonas Mekas (*Lost, Lost, Lost*) e Jonatham Caouette (*Tarnation*), e também dos brasileiros Kiko Goifman (*33*), Sandra Kogut (*Um Passaporte Húngaro*), Maria Clara Scobar (*Os Dias Com Ele*), Petra Costa (*Elena*) e Bruno Jorge (*O Que Eu Poderia Ser se Eu Fosse*).

Os indexadores que apontam para o caráter documental da obra também aparecem nesses trabalhos. No filme *Tarnation*

---

11 Cf., R. Odin, apud F.P. Ramos, *Mas Afinal... O Que é Mesmo Documentário?*, p. 117.
12 F.P. Ramos, op. cit, p. 25.
13 B. Nichols apud M. Soler, *Teatro Documentário*, p. 45.
14 M. Soler, op.cit, p. 46.

FIG. 3: Os Dias Com Ele *(2012)*, *filme de Maria Clara Escobar. No fotograma, a autora entrevista o pai, Carlos Henrique Escobar.*

FIG. 4: O Que Eu Poderia Ser se Eu Fosse *(2013)*, *filme de Bruno Jorge. No fotograma, Fernanda Preto, esposa do diretor.*

(2003), Caouette trabalha sobre seus arquivos pessoais visitando o material em vídeo produzido desde a infância até a idade adulta. São imagens caseiras da vida em família e outras encenadas pelo próprio Caouette que mantinha uma relação constante com a câmera numa prática de registros cotidianos ao longo de anos. O processo de degeneração mental da mãe devido a um equivocado tratamento com eletrochoques, os distúrbios na vida familiar a partir desse processo e a acariação do diretor com os avós maternos terminam por se configurar como eixo narrativo nessa compilação de quase vinte anos de material filmado. Fotos, vídeos, depoimentos dos avós, dele próprio ao longo dos anos se autofilmando, o recurso de cartelas para situar a narrativa, apontam para o caráter documental da obra e permitem que a vejamos como *real*.

FIG. 5: Elena *(2012)*, de Petra Costa. Elena Costa, a irmã da diretora, em cena de peça do grupo Boi Voador em 1988. Foto: Lenise Pinheiro.

São materiais dessa natureza que estamos chamando de "não ficcionais". Ou podemos pensá-los como *documentos*. A ideia de documento é alvo de grande reflexão nas disciplinas ligadas à história e pode ser interessante nos apropriarmos dessas reflexões para iluminar também os processos estéticos que lidam com esse tipo de material: "O documento não está dado. Ele é procurado e encontrado. Bem mais que isso, ele é circunscrito e, nesse sentido, constituído como documento, pelo questionamento."[15]

O documento é claramente um indexador que aponta para a relação referencial que essas obras, associadas à corrente documental, propõem.

15 P. Ricoeur, *A Memória, a História, o Esquecimento*, p. 189.

Testemunho e Não Atores

Dentre esses indexadores, podemos assinalar como o principal deles a presença das testemunhas reais das experiências que são colocadas em cena como documentos vivos do assunto que se pretende abordar. Assim é frequente nesses trabalhos do chamado "teatro documentário" a presença de não atores – ou *experts,* como preferem os integrantes do coletivo alemão Rimini Protokoll. "Não ator" é um termo recusado pelo diretor do grupo Stefan Kaegi, já que designaria as pessoas pelo que elas *não são*. Ao contrário, a ideia de *expert* – adotada pelo coletivo – segundo Kaegi, faz valorizar a razão pela qual elas ocupam a cena, ou seja: possuírem um saber especial ou terem vivido uma experiência particular. Os *especialistas* são os portadores de sua própria experiência real e podem, portanto, se ocupar de trazê-la para a cena, sem que isso pressuponha uma habilidade técnica – vocal ou corporal – própria de um trabalho de ator (essa inabilidade faz, inclusive, parte do jogo nessas encenações). Em *Deadline* (2003), por exemplo, o tema da morte é colocado em cena com depoimentos de três pessoas que têm profissões relacionadas diretamente ao assunto, como, por exemplo, uma violinista que toca em funerais. Em *Airport Kids* (2008), a globalização, a crise europeia e a imigração são discutidos a partir da presença em cena de crianças que, por diferentes razões, possuem mais de uma nacionalidade e falam várias línguas. Imigrantes, filhos de diplomatas, crianças adotadas por pais estrangeiros; por meio das histórias dessas crianças, impasses políticos e econômicos do mundo atual são problematizados. Numa das últimas cenas do espetáculo, as crianças assumem guitarras, baterias, microfones e cantam para a plateia de adultos "daqui a vinte anos vocês estarão mortos", escrevendo com a peça uma espécie de carta ao futuro.

No espetáculo *Testamento* (2010) da companhia alemã She, She Pop, o clássico *Rei Lear,* de William Shakespeare, é atualizado a partir de relações entre pais e filhos reais. Em cena, os atores da companhia contracenam com seus próprios pais que foram convidados a participar do processo. Tomando como enquadramento a ficção de *Rei Lear,* a companhia trata de temas como o conflito geracional e a velhice na Alemanha, usando para isso os depoimentos dos atores e dos seus pais que dividem a cena com eles.

Sobre o trabalho em cena com não atores, a diretora Vivi Tellas usa o termo "arquivos". Segundo ela, pessoas são "arquivos de experiências e saberes". Seu trabalho consiste em vasculhar essas experiências por meio de entrevistas e conversas, buscando quais depoimentos contém o que ela chama de "Umbral Mínimo de Ficção" (UMF)[16]. Ou seja, a diretora defende que há histórias, relatos que conseguem ser sínteses das experiências de todos nós e por isso ganham a força exemplar das ficções. Essa busca pode ser vista em espetáculos como *Mi Mamá y Mi Tía* (2003), *Cozarinsky y su Medico* (2005) ou *O Rabino e Seu Filho*, espetáculo apresentado no Brasil em 2012 . Ao ser perguntada sobre a explosão de experiências documentais no teatro e se isso corresponderia a uma forma de responder às questões da realidade, Tellas coloca que "o teatro documental estaria respondendo as questões do teatro. Creio que ele coloca em conflito a ideia de 'falso' no teatro, a ideia do teatro como uma cópia"[17]. Tellas afirma que a presença dos não atores é "uma decisão radical", sendo o próprio termo teatro documentário uma forma de validar essas experiências que, segundo ela, se encontram numa zona de instabilidade e risco.

A questão da linguagem e a exploração dos limites da própria cena também movem a pesquisa do grupo alemão Rimini Protokoll:

Experimentamos o poder de representação da cena e o fato de que tudo que nela é mostrado se torna automaticamente teatro, mas pesquisamos também o modo como o olhar se modifica segundo a natureza daquilo que é colocado em cena. São peças em que não se sabe mais onde começa o teatro e onde acaba a realidade. Trata-se de percepção, de recognição do mundo e, particularmente, dos homens.[18]

Não por acaso, o primeiro trabalho da companhia foi *Peter Heller Fala Sobre Criação de Aves* (1999), no qual Kaegi colocou

---

16 Disponível em: <http://www.archivotellas.com.ar/>.
17 Em entrevista feita por mim, disponível em: <http://barco.art.br/vivi-tellas-fala-familia-teatro/>.
18 Tradução nossa de fragmento, disponível em: <http://www.rimini-protokoll.de/>.

FIG. 6: Mi Mamá y Mi Tía *(2003)*, de Vivi Tellas. *Em cena, a mãe e a tia de Tellas, as "não atrizes", que fazem o espetáculo. Foto: Nicolás Goldberg.*

FIG. 7: Quem Foi Sua Avó *(2012)*, Companhia Teatro Documentário. *À direita, o ator Márcio Rossi em cena com o sr. Marcelo, ex-proprietário do Antiquário Via 13 Antiguidades. Foto: Jonas Golfeto.*

em cena um *expert* em criação de aves para relatar suas experiências com a profissão. Nesse primeiro trabalho, a experiência de linguagem já apontava para o radicalismo dos trabalhos com os *ready-mades* nas artes plásticas. A transposição de um objeto da realidade para a galeria ou, no caso, para os palcos, parece trabalhar com o que Kaegi chama de "recognição do mundo". São trabalhos que muita vezes se colocam numa zona limite em que o público pode mesmo se perguntar se é ou não arte; se é ou não teatro.

Teatro Documentário e Memória

Gostaríamos, neste ponto, de novamente voltar a atenção para um tema bastante caro a muitos dos trabalhos filiados à corrente que estamos investigando: a memória. Seja a partir da memória individual, por meio dos depoimentos que surgem em cena, seja da memória coletiva, ao apontar para um fato histórico que é tomado como tema de criação, sendo muitas vezes na articulação entre uma e outra que os trabalhos se dão.

No espetáculo *Mi Vida Después* (2009), a ditadura na Argentina é revisitada por Lola Arias com depoimentos de jovens cujos pais tiveram relação direta com a atividade política – seja do lado dos militares, seja do lado dos guerrilheiros. A dramaturgia do espetáculo é pontuada por datas que ora se referem a eventos públicos, ora dizem respeito a pequenos marcos na vida pessoal dos intérpretes em cena. Num momento, uma das jovens em cena tenta reconstituir as várias versões da morte do pai desaparecido em combate com os militares. Num outro, a intérprete Vanina Falco revisita os arquivos do processo contra o próprio pai – ex-policial do serviço secreto na Argentina – acusado de sequestrar o bebê de um casal desaparecido. Vanina conta que passou anos acreditando que a criança sequestrada era seu irmão legítimo, até que a verdadeira história viesse à tona e ela rompesse com o pai.

A memória coletiva e a memória pessoal se confundem nesse trânsito entre documentos da história pública do país e documentos, memórias e depoimentos que se referem ao modo como essa história atravessou a vida de cada uma daquelas pessoas em cena. Tal estratégia está na base do trabalho *Cidade Vodu* do grupo brasileiro Teatro de Narradores com direção de José Fernando de Azevedo. O espetáculo estreado nas ruínas da Vila Itororó em São Paulo, revisita a escravidão, a diáspora haitiana, a ocupação brasileira no Haiti e a própria história da Vila Itororó para levantar questões sobre os fluxos migratórios na atualidade e sobre o racismo naquilo que ele é estruturante do capitalismo global. Em cena, atores da companhia e refugiados haitianos que jamais haviam atuado mesclam depoimentos próprios com documentos da história fundindo passado e presente.

O trabalho do coletivo colombiano Mapa Teatro, através de uma pesquisa multidisciplinar, toma também a fricção entre passado e presente como base de alguns dos seus espetáculos como *Los Santos Inocentes* (2010) e *Testigo de las Ruinas* (2005). No primeiro, desaparecimentos e mortes na Colômbia são rememorados numa associação fantasmagórica com uma célebre festa popular que acontece na cidade de Guapi. Na festa, que dá nome ao espetáculo, homens se vestem de mulher e usam máscaras grotescas para sair às ruas para bater e apanhar com chicotes. Testemunhos de massacres se mesclam à narrativa de uma expedição dos artistas da companhia a Guapi, misturando ficção e realidade em uma cena surreal que aponta para uma experiência de pesadelo. *Testigo de las ruinas* se aproxima mais de uma videoinstalação e trata do desaparecimento de um bairro emblemático em Bogotá, onde foi construído um parque. Os artistas da companhia acompanharam esse processo registrando-o em vídeo e manipulam as imagens em cena em quatro telas que compõem o espaço. Nas telas, testemunhos dos moradores desapropriados e dos operários que estão construindo o parque se mesclam na construção da dramaturgia do espetáculo.

O trabalho de Arias e do grupo Colombiano, assim como outros trabalhos que abordam eventos traumáticos na história, parecem cumprir a função que Casey identifica como os "modos mnemônicos" por excelência: o *reminding*, o *reminiscing* e o *recognizing*. Respectivamente, esses trabalhos funcionam como "pontos de apoio", como lembretes, já que, ao trazer documentos à tona, e ao tornarem-se eles próprios documentos, ajudam a *não esquecer*. Além disso, já em uma função mais complexa, eles são também uma maneira de "fazer reviver o passado evocando-o entre várias pessoas"[19]. O processo entre os criadores e depois o encontro com o público acionam esse mecanismo de maneira que o lembrar de um move o lembrar do outro, criando uma rede de compartilhamento de experiências e saberes. O terceiro modo mnemônico funciona como a sanção do anterior já que é justamente o *reconhecimento* que confere à memória seu estatuto primordial segundo Ricoeur, que é o de

---

19 E.S. Casey apud P. Ricoeur, op. cit., p. 56.

FIG. 8: Cidade Vodu, Teatro de Narradores *(2016)*. *A haitiana Marie Roselaure Jeanty, imigrante e estudante de medicina, em cena no espetáculo. Foto: Bob Souza.*

ser memória *do passado*. Ou seja, fazer presente aquilo que se reconhece necessariamente como *ausente* e *anterior*. "O pequeno milagre do reconhecimento é o de envolver em presença a alteridade do decorrido. É nisso que a lembrança é re-(a)presentação, no duplo sentido do re-: para trás e de novo."[20]

Impostura ou Subjetividade Sob Vigilância

A tradição mais claramente política do teatro documentário iniciada nos anos de 1920 com Piscator faz eco nesses trabalhos que buscam na memória coletiva e pessoal o material para uma discussão que se pretende relevante na seara pública. Aqui, é justamente o objetivo de uma discussão pública que parece justificar o depoimento autobiográfico e afastá-lo do que seria uma mera exibição narcisista – algo que paira como uma sombra em obras que trabalham com o testemunho pessoal. Esse é um temor que acompanha em várias áreas os trabalhos de caráter autobiográfico. O *boom* na chamada literatura testemunhal nos anos de 1970, fruto sobretudo da profusão de relatos surgidos num século que atravessou duas grandes guerras e várias ditaduras pelo mundo, ao mesmo tempo que fez validar a perspectiva de fazer história em primeira pessoa, também fez acender o alerta em torno de um individualismo que pretendesse falar *apenas* em seu próprio nome, e não em nome de uma coletividade. Na América Latina, esse tipo de testemunho produziu inúmeras obras e, com elas, uma fortuna crítica considerável que tentou entender o caráter e relevância dessas produções. Ao analisar o caso ocorrido no Peru, Kathia Araújo fala do "individualismo sob vigilância" e das restrições ao que ela chama de uma exibição ostensiva: "A legitimidade pende do gesto de submissão à comunidade ou ao grupo. Um sujeito legítimo é aquele que orienta, retoricamente pelo menos, sua apresentação de maneira que sua especificidade individual não seja destacada."[21]

Podemos facilmente observar a extensão dessa *restrição* ao conjunto de trabalhos que se colocam nesse campo de produção.

---

20 Ibidem.
21 K. Araújo, Individualismo e Heteronomia, em H. Galle et al., *Em Primeira Pessoa*, p. 256.

Não é sem cautela que os próprios artistas e também a crítica especializada apontam para o dado "pessoal" dessas criações. O risco da impostura parece tocar a todos. No caso, por exemplo, do bem-sucedido espetáculo *Luis Antônio-Gabriela* (2011) de Nelson Baskerville podemos perceber na crítica especializada o cuidado de ressaltar em que medida o trabalho *transcende a questão pessoal*. No espetáculo, Baskerville resgata a história de seu irmão travesti e as suas histórias de abuso e violência sofridos na infância. Em texto publicado na revista *Questão de Crítica*, Danielle Avila Small pontua: "Mas, para além do afeto e da comoção, a temática do espetáculo não se restringe à história pessoal do autor e de sua família. As questões de gênero e sexualidade são assuntos urgentes, mobilizadores, cuja discussão está em acalorado debate na sociedade."[22]

Universalidade, Identificação e Melodrama Como Ideologia

Sem se colocar no campo aberto de uma discussão mais explicitamente política, muitos trabalhos associados à vertente dita "documental" se debruçam sobre as histórias pessoais dos seus autores, suas memórias e seus afetos. Em sua maioria, essas obras parecem também encontrar sua validação numa suposta expectativa de *universalidade* do tema proposto. O amor, a família, as trajetórias de superação, a questão pessoal são, assim, vertidos em *temas universais* que podem e *devem* ser reconhecidos enquanto tais, proporcionando assim uma experiência de identificação por parte do público, pretende-se, não tanto com os autores, mas com os temas que eles discutem. Um risco no qual incorrem muitos trabalhos dessa vertente é, ao buscar gerar uma experiência de identificação para justificar o uso do material autobiográfico, não raro se apoiarem sobre o modelo melodramático, que ainda é predominante na maioria dos produtos da indústia cultural contemporânea. O dramaturgo Alexandre Dal Farra diz tratar-se de uma espécie de "visão melodramática do mundo":

---

[22] D.A. Small, Teatro Documentário, *Questão de Crítica*, disponível em: <http://www.questaodecritica.com.br>.

Ao repor, na matéria autobiográfica, tais estruturas, que se baseiam em conflitos entre personagens e trajetórias de superação, esse tipo de obra acaba por conferir um novo respiro (por conta da matéria pessoal "real") a um *discurso ideológico* que simplesmente estrutura, compõe todos os grandes produtos da indústria cultural, em versões mais ou menos elaboradas.[23]

Mais adiante iremos problematizar a ideia de identificação, já que os chamados "teatros do real" – definição estendida que ganhou força na tentativa de nomear um leque extenso de experiências contemporâneas que estão sendo produzidas no território vasto do real – vêm justamente, há décadas, buscando possibilitar experiências de recepção de outras ordens, que não somente a identificação como única possibilidade de relação público-obra.

TEATROS DO REAL

A característica primeira do teatro, ao se tratar de um tempo e espaço reais, partilhado por pessoas presentes – atores e público –, colocará sempre a problemática da tensão incontornável entre representação e apresentação.

Mesmo na tentativa mais controlada de representação teatral, tratar-se-á sempre de corpos que se *apresentam* diante do público como únicos e sujeitos aos acontecimentos e imprevistos daquele espaço e tempo reais. Mas como nos fala a teórica alemã Erika Fischer-Lichte, a cena pode buscar potencializar essa tensão ou mascará-la ao máximo, e isso define projetos estéticos bastante distintos.

O termo "Teatros do Real", criado por Maryvonne Saison nos anos de 1990 vem sendo hoje empregado como uma forma abrangente de tratar de obras muito distintas entre si, mas que apontam para uma tentativa comum de colocar o real em cena não somente como *tema*, mas também como *experiência*. A desconfiança em relação à eficácia dos mecanismos de representação da realidade teria levado os artistas a buscarem na cena um espaço em que o real pudesse irromper, funcionando como

---

23 A.F. Dal Farra Martins, Em Terceira Pessoa, *Sala Preta*, v. 14, p. 166.

uma forma de atentado à trama simbólica por meio da qual representamos a realidade. Essa seria uma estratégia estética, mas também ético-política para responder às questões da contemporaneidade, ou, como coloca Sílvia Fernandes: "O desejo de real, onipresente na pesquisa teatral contemporânea, não é mera investigação de linguagem. Ao contrário, ele parece testemunhar a necessidade de abertura do teatro à alteridade, ao mundo e à história, em detrimento do fechamento da representação, predominante na década de 1980."[24]

Dessa forma, com a *apresentação* do real – em vez da usual representação – busca-se criar margem para eclosões de novos sentidos. Sentidos que não se apresentam somente no campo da leitura da obra, mas na sua vivência, já que muitas vezes trata-se de trabalhos que pressupõem um encontro de materialidades envolvendo espaços e corpos desprotegidos do aparato teatral clássico oferecido pelo palco – com cena e plateia bem divididos – e pelas personagens. Trata-se de experiências que estão – tomando mais uma vez de empréstimo a teoria do cinema documental – *sob o risco do real*[25]. Seja pela busca do acontecimento, ao chocar a representação com a realidade, seja quando a cena é deslocada para os chamados *site-specifics*, seja quando o que temos em cena não são personagens, mas as próprias testemunhas de uma experiência real – que em muitos desses trabalhos nem mesmo são atores –, trazendo em seus corpos as marcas dessa história: em todas essas experiências-limite, o real ameaça constantemente o tecido da representação. A cena, assim, incorpora elementos como o acaso, o erro, o perigo. Incorpora também sentimentos diversos daqueles experimentados na ficção já que nos encontramos diante de pessoas reais – o que pode despertar compaixão, cumplicidade, mas também rejeição, repúdio como quando uma certa postura judiciosa da parte do público se deflagra em relação a posições que não são de uma personagem, mas de alguém que em seu próprio nome ocupa a cena para *fazer, contar, mostrar*, em vez do esperado *atuar*. Os verbos destacados podem ser relacionados aos modos de caracterizar o teatro performativo tal como definido por Josette Féral. Segundo Féral

24 C. Delory-Momberger, Experiências do Real no Teatro, *Sala Preta*, v. 13, n. 2, 2013.
25 Cf. J.-L. Comolli, *Ver e Poder*.

FIG. 9: Júlia *(2011)*, de Christiane Jatahy. Em cena, Rodrigo dos Santos e Júlia Bernat. *Foto: David Pacheco.*

FIG. 10: E Se Elas Fossem Para Moscou? *(2014)*, de Christiane Jatahy. Em cena, da esq. para dir.: Isabel Teixeira, Júlia Bernat e Stella Rabello. *Foto: David Pacheco.*

a performatividade da cena é fortemente explicitada através do *being, doing* e *showing doing*[26].

A relevância da discussão sobre o traço performativo da cena contemporânea se mostra plenamente quando acompanhamos, por exemplo, a programação da Mostra Internacional de Teatro como a que ocorreu em São Paulo em 2014 em sua primeira edição. A tensão entre apresentar e representar se fez latente em muitos dos trabalhos que integraram a mostra.

No espetáculo de abertura do italiano Romeo Castelucci *Por um Conceito de Rosto no Filho de Deus* (2011), na primeira

26 J. Féral, Por uma Poética da Performatividade, *Sala Preta*, v. 8, n. 1, 2008.

e praticamente única cena do espetáculo, vemos um senhor de idade avançada entrar no palco ajudado pela equipe de contrarregras. Um cenário realista compondo uma sala e quarto será o espaço para uma *situação* (já que os traços que temos de uma história e mesmo personagens são mínimos). Um homem mais jovem que compreendemos por algumas palavras murmuradas que se trata do filho do senhor de idade se ocupa de limpar suas fezes. Esse é o mote que se apresenta e que sustentará uma cena de mais de quarenta minutos levando a situação a um extremo naturalista em seu trato com o tempo e com as ações, e mesmo com a percepção do público, já que o espetáculo em sua versão original cheirava a fezes. A ação de limpar o pai que por diversas vezes evacua em suas roupas, exigindo um trabalho minucioso que consiste basicamente em trocar fraldas, limpar o corpo e o espaço que ficam sujos a cada vez, é repetida até o desespero do filho. A performatividade pode ser percebida na minúcia e rigor das ações concretas executadas em tempo real mas, ainda mais, é sentida ao sermos defrontados com um corpo que mal se sustenta, o tremor dos braços e mãos, a pele flácida, enrugada. E, mais adiante, quando este mesmo corpo é visto ao lado de um garoto de uns sete anos de idade. Ambos se colocam frontalmente diante do público sem que nada precise ser dito. A simples presença de uma criança e de um velho, a presença e imagem de seus corpos, criam um campo de sentidos que aponta para temas como vida e morte, perenidade e inexorabilidade do tempo, entre outros tantos que podem ser apreendidos na presença bruta, sem mediação narrativa ou simbólica, desses corpos em cena.

Em *Nós Somos Semelhantes a Esses Sapos* (2010) + *Ali* (2005) da companhia belga MPTA um dos *performers* não tem uma das pernas. O que em *Nós Somos Semelhantes a Esses Sapos* aparece apenas como virtuose já que o trabalho não se atém sobre essa informação, focando sua dramaturgia numa disputa amorosa entre dois homens por uma mulher, em *Ali,* ainda que sem texto, a mutilação e o encontro de dois amigos, dois artistas a partir dessa ausência, aparecem tematizados em máxima potência. Como, por exemplo, num momento onde o acrobata e dançarino Mathurin "empresta" sua perna ao amigo posicionando-a no lugar da perna amputada e ambos simulam estripulias, danças engraçadas, na verdade, pequenas bobagens que podemos fazer apenas com duas pernas (já que para grandes coisas como saltos mortais, a perna que lhe sobrou é mais do que suficiente). Rimos com eles, com os movimentos, mas é na impossibilidade real de que o artista possa reaver a perna perdida depois de um câncer nos ossos é que somos afetados. Essa sugestão de um traço autobiográfico no trabalho poderia não ser proposital e estar somente em nosso olhar, que não consegue fugir da informação que se faz presente pela deficiência física do *performer,* mas não. Em entrevista, Mathurin menciona o cineasta e etnólogo Jean Rouch como importante referência para uma guinada de pesquisa dentro da companhia que passa a se debruçar sobre as histórias pessoais, afim de imprimir narratividade em um trabalho que, ao se encontrar fortemente no campo da dança e do circo, poderia recair em virtuosismos físicos vazios.

Podemos ver uma proximidade nos trabalhos citados se levarmos em conta que nesses casos não se trata de uma "história de vida" contada em cena. Não há "depoimento", como normalmente acontece nos trabalhos do chamado teatro documentário. O que há é a marca dessa história impressa nos corpos expostos na cena. Podemos lembrar ainda de outros trabalhos dentro dessa mesma perspectiva como, por exemplo, do próprio Romeo Castelucci, *Júlio César* (1997), em que o rei era feito por um homem que falava eletronicamente pela traqueia e as filhas eram interpretadas por jovens anoréxicas. Esses corpos, ou mais, essas marcas funcionam como o *punctum*[27] que nos traga para dentro de um real bruto – ainda que em atrito com ficções poderosas como é o caso da tragédia de Shakespeare – de onde irrompe a potência dos trabalhos.

Já no trabalho, também presente na mostra em São Paulo, *Eu Não Sou Bonita* (2005) de Angélica Liddell, a performatividade da presença se soma à narratividade autobiográfica. Com altíssima carga simbólica, a performer retoma o trauma de um abuso sexual sofrido na infância para tratar da opressão de gêneros e da violência às quais as mulheres são submetidas. O simbolismo utilizado – a cruz, o leite, o sangue, o cavalo em cena –, a figura que ela cria – uma espécie de bufão gótico vestido de preto e com

---

27 H. Foster, *The Return of the Real.*

cabelos imensos escorrendo até as pernas –, a expressividade vocal, através de uma fala rasgada, gritada, parecem servir de mediação para o que seria talvez um confessionalismo insuportável, se se restringisse a um registro documental mais direto. O contraste entre a expressividade teatral da cena e as imagens que aparecem projetadas é gritante. Primeiro, uma fotografia que supomos tratar-se dela mesma, ainda criança. Depois, fotos de espaços onde corpos de mulheres foram encontrados depois de estupradas e assassinadas. A história pessoal se abre para a experiência das mulheres em sua condição de oprimidas, mas retorna, na performatividade da cena, sempre para ela mesma já que a artista cria uma cena de autoflagelo, onde ela corta sua carne, se queima, manipula cacos de vidro. É através da história localizada e re-sentida naquele corpo particular, naquela mulher que se encontra diante de nós, é que podemos viver a experiência, não de uma peça de denúncia como tantas as que existem sobre mulheres, mas de uma obra na qual nos tornamos testemunhas de um crime sofrido e para o qual não poderemos ficar indiferentes. A narrativa autobiográfica se atualiza de forma assustadora diante de nossos olhos a partir da performance de Liddell, frente à qual não há como nos posicionarmos como se fôssemos espectadores confortavelmente sentados diante de uma representação, mas exige, ao contrário, que nos coloquemos como testemunhas diante de um acontecimento. Grotowski define brilhantemente o que seria esse outro papel do público distintinguindo-o daquele que busca a identificação no teatro:

A testemunha não é quem enfia por toda a parte o nariz, quem se esforça para ficar o mais próximo possível, ou por intrometer-se nas ações dos outros. A testemunha mantem-se levemente à parte, não quer se misturar, deseja estar consciente, ver o que acontece do início ao fim, e guarda na memória; a imagem dos eventos deveria permanecer dentro dela [...] eis a função da verdadeira testemunha, não se intrometer com o próprio mísero papel, com aquela importuna demonstração "eu também", mas ser testemunha – ou seja, não esquecer, não esquecer, custe o que custar.[28]

Nesse sentido, a presença do cavalo em cena vai ganhando contornos imprevistos. Mais adiante, quando a situação do

---

28 J. Grotowski apud P. Leonardelli, op. cit, p. 205.

abuso é exposta com todos os sórdidos detalhes, sabemos que um cavalo estava presente na situação – o estábulo, onde três meninas foram abusadas pelo soldado que as ajudava a montar. Anos depois, é com o cavalo que a artista escolhe dividir o palco, tomando-o ora como testemunha silenciosa e indiferente, ora como cúmplice solidário. No mais, é um cavalo. Um cavalo real que mobilizou um grupo de ativistas que ameaçou impossibilitar a continuidade do espetáculo na noite de estreia em São Paulo. A autora, deliberadamente, cria uma cena *em risco*.

OUTRAS EXPERIÊNCIAS DE AUTOESCRITURA

A pesquisa em torno da memória, o trabalho com arquivos na criação de dramaturgia e a perspectiva autobiográfica deram lugar a várias ocasiões de encontros e trocas confirmando o interesse crescente no Brasil por essa linha investigativa[29]. Os trabalhos de grande repercussão estão sendo amplamente cobertos pela mídia e mesmo por pesquisas acadêmicas. Dar espaço aos trabalhos – muitas vezes *work in progress* – que não chegarão ao conhecimento mais amplo por parte do público e da imprensa é uma forma de assinalar a multiplicidade de experimentos que vêm se debruçando sobre documentos e histórias reais. Enquanto nem mesmo uma dezena de trabalhos é citada em grande escala, há uma larga produção em caráter de pesquisa que vem se desenvolvendo nas escolas, em grupos e com artistas jovens, que é muito significativa para pensarmos o interesse que move essas pesquisas, as questões que as perpassam, seus impasses, alimentando e dizendo muito sobre esse *boom* na produção cênica contemporânea voltada para o *real*.

---

[29] A autora teve contato direto com as experiências aqui expostas por meio da orientação de oficinas e grupos de trabalho que aconteceram nas cidades de Belo Horizonte, São Paulo, Porto Alegre, Rio de Janeiro e Fortaleza entre os anos de 2010 e 2014.

Feito Pra Acabar e Tudo Sobre Minha Avó – *Grupo Garimpo* (RJ)

O grupo Garimpo, sob direção de Ricardo Libertini, vem se dedicando sistematicamente à pesquisa documental e autobiográfica em cena. O primeiro trabalho foi o *Feito Pra Acabar* (2012) em que dois irmãos na vida real – a atriz Laura Becker e o músico e *designer* Daniel Gnatalli dividiam a cena num exercício performativo de quase duas horas onde se sobressaíam alguns temas como as escolhas de cada um no trabalho, no amor, a ligação deles através da música, as memórias de infância.

Apresentados como eles mesmos, os irmãos propunham jogos interativos para a plateia, colhiam histórias, falavam de decepções amorosas, viagens, cantavam e tocavam juntos. O trabalho foi assim descrito por Dâmaris Grun na revista eletrônica *Questão de Crítica*:

Em *Feito Pra Acabar* o que vemos antes de tudo é um documento de família, um álbum de recordações e histórias da memória dos dois *performers* que comungam com o público sua intimidade recheada de questões pessoais e diálogos sobre seu cotidiano e existências. A realidade de cada individualidade e da dupla ali exposta será tema e tomará forma como experimento teatral. Além disso, a música parece ser um fio condutor bastante preponderante na arquitetura da dramaturgia cênica ali experienciada. De acordo com as palavras do diretor, foi

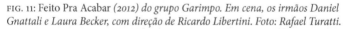

FIG. 11: Feito Pra Acabar *(2012) do grupo Garimpo. Em cena, os irmãos Daniel Gnattali e Laura Becker, com direção de Ricardo Libertini. Foto: Rafael Turatti.*

esta a válvula iniciadora do projeto, numa espécie de questionamento de como a música opera nos nossos sentidos e em nossas vidas. Não obstante, numa de suas primeiras falas, Daniel Gnatalli reitera "não ser ator" e sim músico e *designer*, enquanto Laura Becker afirma "ser atriz" e música também. A experiência é toda entrecortada por alguma música que opera uma espécie de divisão dramatúrgica na estrutura da cena, são movimentos de uma partitura de falas documentais e biográficas intimamente ligadas ao tema da música. A forte presença da música é evidenciada pela estrutura dessa narrativa e no discurso afetivo que ela gera na fala de Laura e Daniel. É nesse mesmo discurso introdutório de Laura e Daniel que se apresenta uma condição inicial para o olhar do espectador. Ele está diante de uma experiência híbrida, em que a questão da atuação e do elemento ator é problematizada, já que em cena Laura e Daniel são executores reais de si próprios, sem disfarces – e sublinhando essa condição. Uma experiência inacabada, com um roteiro dramatúrgico pontilhado de improvisos e que solicita um olhar cúmplice do espectador.[30]

Em 2013, o grupo se dedicou à criação de *Tudo Sobre Minha Avó* em que os integrantes do grupo, em pequenos solos, revisitam as memórias dos avós e expõem esse material em diferentes casas e apartamentos que vão abrindo suas portas para o trabalho. Na sala, efetivamente, numa espécie de reunião íntima, é que se tecem os causos de família que eles escolhem para dividir com o público. Por vezes, esses causos são contados pelos próprios parentes que são convidados a participar das apresentações. Em palavras de Libertini ao falar do trabalho que ainda segue em processo: "Atualmente, estamos buscando a iluminação da própria casa, algo mais cotidiano e menos espetacular. Estamos pesquisando também sobre a medida da biografia em cena, como um objeto pode detonar memórias e por onde podemos transitar com o material que temos para falar sobre relação intergeracional."[31]

A pesquisa do jovem grupo se filia claramente ao trabalho da argentina Vivi Tellas em três aspectos principais: o trabalho com não atores, o interesse por identificar narrativas pessoais que tematizem universos abrangentes como a família, o amor,

---

30 D. Grun, O Real Afetivo em Cena, *Questão de Crítica*, jan. 2012, disponível em: <http://www.questaodecritica.com.br>.
31 Em carta enviada para a autora em 10 de setembro de 2013 junto com os registros em vídeo dos trabalhos.

FIG. 12: Tudo Sobre Minha Vó *(2015)*, *do grupo Garimpo. Gabriel Pardella em peça apresentada em diferentes apartamentos. Foto: Maíra Barillo.*

as perdas, e o foco sobre a afetividade – tanto nas histórias em si quanto no convite feito ao público. Não por acaso a acolhida ao público é parte integrante das encenações como quando Tellas encerra as apresentações com uma comida partilhada com a plateia, assim como quando Libertini e os integrantes do Grupo Garimpo, em *Tudo Sobre Minha Avó*, fazem perguntas sobre nossas memórias de família ao mesmo tempo que o ambiente se enche do cheiro de café que eles preparam para os poucos convidados que ocupam a sala de estar com os atores que expõem objetos de suas próprias avós.

Se o material manipulado em cena e as narrativas escolhidas por vezes beiram o ingênuo ou o anedótico, o trabalho de Libertini merece atenção pela investigação da linguagem, adentrando outros territórios na busca de estabelecer comunicação com o público, como quando entram diretamente na casa das pessoas ou investem na presença em cena de não atores, possibilidade ainda pouco explorada na cena brasileira.

Para Tellas, a presença de não atores cria um território de "fragilidade e instabilidade". Afirma a autora: "Estou interessada em trabalhar com o acaso e o erro. Me parece que é no acaso e no erro que estão as novas ideias."[32] Nos dois trabalhos do grupo

32 Entrevista concedida à autora em 16 nov. 2013, disponível em:<http://barco.art.br/vivi-tellas-fala-familia-teatro/>.

carioca essa instabilidade e essa predisposição ao acaso e ao erro se fazem presentes. O espectador constrói uma relação de empatia direta, não mediada por uma personagem ou fábula, e é a partir de uma espécie de comunhão em torno dessa possibilidade de *todos*, que é a de contar histórias, de rememorar acontecimentos marcantes, que o vínculo através da experiência se estabelece.

As Rosas no Jardim de Zula –
Cia. *Zula de Teatro* (BH)

Em 2011, as atrizes mineiras Talita Braga e Andréa Quaresma deram início à criação do espetáculo *As Rosas no Jardim de Zula*, a partir de uma primeira versão apresentada dentro do Festival de Cenas Curtas, do Galpão Cine Horto. O trabalho parte da história da mãe de Talita, Rosângela, que abandonou os três filhos e foi viver na rua por dois anos. Passou por todo o universo das drogas e da prostituição, até ir viver os últimos anos da sua vida no nordeste, tendo mesmo constituído uma segunda família.

O trabalho estreou em 2012 e desde então vem sendo apresentado em diversas cidades, chegando inclusive a ser mostrado em Buenos Aires, importante polo dentro da vertente documental. Em 2013, o trabalho sofreu importantes alterações na sua dramaturgia após a morte de Rosângela. É dessa maneira que Talita introduz o público no espetáculo, em uma espécie de prólogo em que ecoam alguns pontos abordados até aqui:

Boa noite a todos! Meu nome é Talita Braga e o espetáculo que vamos apresentar aqui conta a história da minha mãe, Rosângela. Há pouco tempo atrás nós contaríamos isso para vocês somente no final do espetáculo. Mas aconteceu uma coisa, que mudou tudo! E eu vou explicar pra vocês. Quando eu tinha sete anos, eu estava brincando com minha irmã numa piscina de plástico que tinha no quintal da casa do meu avô. Meus pais tinham acabado de se separar e a gente foi morar lá até a situação se resolver. Minha mãe chegou toda arrumada na beirada da piscina. Ela estava com uma calça preta, uma camisa branca e um óculos *ray ban*. Estava linda! Deu um beijo em mim e na minha irmã e disse que estava indo ao dentista. Ela só voltou naquela casa três anos depois. Naquele dia, ela saiu da casa do meu avô, foi direto para uma pensão no centro da cidade, chamou a dona da pensão e disse: eu não tenho dinheiro não, você me arruma uma dose de pinga? A dona disse que se ela quisesse fazer programa ali, ela podia morar, comer e beber quantas pingas quisesse. E foi assim que esta história que vamos contar começou. Existem várias outras versões, mas no momento, escolhemos essa.

Em novembro de 2010, eu fui até São Sebastião do Paraíso, cidade em que minha mãe morava, e disse à ela: Mãe, eu tô pensando em fazer uma peça de teatro sobre sua vida. O que você acha disso? E aí ela perguntou: tem cachê? E eu falei: não mãe, não tem não. Ninguém vai ganhar nada, é teatro de pesquisa. A gente vai fazer por amor à arte mesmo. E ela falou: nossa que chique! Eu vou virar artista e vai sair no *Jornal Nacional*: MÃE DA ATRIZ TALITA BRAGA, EX-PROSTITUTA E AGORA É UMA SENHORA ACABADA! Aí eu falei que a gente não ia sair no *Jornal Nacional* e que era apenas uma cena curta para um festival em Belo Horizonte mesmo. Ela ficou feliz demais com a ideia de virar artista. Feliz demais com o fato de poder contar sua história mais uma vez, mesmo que pela milésima vez. Gravei com ela três horas de entrevista. Nessa entrevista, eu queria entender minha mãe e o fato de ela ter ido embora, o que tinha acontecido pra ela chegar a tomar essa decisão. Ela queria atender um pedido da filha, queria ser ouvida, queria se justificar, se entender, sei lá! Foi a partir desta entrevista que construímos a cena curta de 15 minutos, "As Rosas no Jardim de Zula". Na cena curta, eu não me apresentava como filha da Rosângela. Eu achava que para dar conta deste trabalho, eu deveria tratá-la como uma personagem. De maneira "distanciada". Na verdade, eu não sabia como a cena seria recebida e ficava com medo das críticas e de tanta exposição. Eu pensava que uma crítica neste caso não seria somente sobre o trabalho, mas sobre a minha vida, sobre a minha mãe. Só que a trajetória da cena curta foi longa! O público recebeu com muito afeto a história da nossa personagem "Rosângela". Viajamos para muitos festivais e ao longo de nossas apresentações, colhemos depoimentos de várias pessoas sobre o que elas achavam da história de vida da Rosângela. A partir da cena curta e dos encontros que ela proporcionou, surgiu o desejo de fazer o espetáculo. Estreamos em agosto de 2012. Nele, o fato de eu ser filha da Rosângela, ainda chegava aos poucos. Somente na última cena isso era revelado. Sutilmente. O meu discurso era que a pesquisa sobre o teatro documentário, sobre a condição do feminino, sobre a quebra de tabus e preconceitos e sobre a busca de sentido na vida era o que tinha me levado a querer contar esta história. Mas sinceramente, não era isso. E no dia 8 de setembro de 2013, a minha mãe faleceu. E aí mudou muita coisa em mim. É estranho, tem muita coisa que eu ainda nem entendo. Uma das coisas que sei é que no início da peça eu não quero mais tratar a minha mãe como uma personagem, embora aqui ela seja. Eu não quero mais distanciar, eu quero trazer ela pra dentro, pra bem perto de mim. Eu quero contar pra todo mundo que Rosângela é a minha mãe. Mãe, essa peça é uma homenagem pra você e te pedimos licença para começar![33]

---

33 Texto da peça fornecido por Talita Braga.

FIG. 13: As Rosas no Jardim de Zula *(2012)*, *da Cia. Zula de Teatro. A atriz Talita Braga em cena e, no vídeo, a mãe, Rosângela Braga, que deixou a família para viver nas ruas de Belo Horizonte e inspirou o trabalho. Fotos: Ethel Braga.*

A atriz sente a necessidade de evidenciar o processo e, mais ainda, de se posicionar diante da proposta de falar de algo pessoal. Lança luz sobre duas diferentes perspectivas: numa primeira versão, o medo do julgamento levava-a a tentar validar a experiência numa suposta universalidade temática, num campo estético. Após a morte da mãe, a atriz cria esse prólogo para rejeitar esse pudor e assume que a especificidade dessa experiência estética reside sim em uma aproximação singular com um campo afetivo, pessoal, político que tem, em primeiro lugar, uma relação direta com sua experiência real, de filha, de mulher e de artista que decide se debruçar sobre esse material. É *disso* que se trata. E esse novo prólogo decide marcar essa posição.

Diários de Viagem: Texas, de Hugo Reis (SP)

Em 2012, Hugo Reis abriu pela primeira vez um vasto material que guardava de um período em que viveu no Texas, EUA. Em uma pequena exposição[34], Hugo abria uma mochila de viagem com tudo o que sobrara de uma vivência que ele dizia radical,

---

34 Realizada em 2012 na Oficina Cultural Oswald de Andrade em oficina orientada pela autora.

FIG. 14: Projeto Texas *(2013)*. *Hugo Reis registrando a viagem ao deserto do Egito nos seus diários.*

mas à qual não tínhamos acesso, já que, entre livros, documentos, algumas fotografias, o único material que narrava os acontecimentos no Texas – seus diários – continham a indicação bem clara de que não deviam ser manipulados.

Esse mistério rondou o material ainda mais umas tantas vezes em que Hugo expôs fragmentos de algo que lhe servia de base para um exercício de escrita diário que ele havia se dado como tarefa. Nessas aberturas de processo, Hugo apresentava fragmentos, mas nunca estabelecia uma narrativa que articulasse os materiais. Ele falava do Texas, do deserto, de algo que ele "tentava entender", que o perseguia, mas ainda levaria alguns meses para que a *história* do Texas se revelasse. Hugo empreendeu então mais duas viagens: o Atacama no Chile e o Egito. Mais dois desertos. Dando continuidade ao seu projeto de escrita, ele escolheu visitar outros desertos à procura do primeiro – o Texas. E novos diários surgiram, mas já não era um simples registro de viagem, e sim uma recriação das experiências do Texas a partir das novas vivências, encontros, paisagens. Hugo já contava as viagens atuais sob a perspectiva da história que emergia em seu deserto primeiro. Parte do processo dramatúrgico também consistia em enviar cartas para os atores que iriam trabalhar no espetáculo e para as pessoas que estavam interagindo com o processo. Era sua forma de se manter em criação quando não havia ensaios. Levou ainda um tempo para que Hugo pudesse colocar em palavras, fazendo-o mesmo em terceira pessoa por ocasião de um edital para a criação de espetáculos, o que o impulsionava em seu processo:

> Após receber o diagnóstico de distúrbio bipolar, que coincidiu com o início dos seus estudos profissionais em teatro, o proponente (agora também paciente), devidamente diagnosticado e medicado, tentou, mesmo diante da escassez de material próprio de arquivo histórico-pessoal da época em que viveu em meio ao deserto no estado do Texas, e da dificuldade da lembrança das situações da maneira como se deram exatamente, entender o que em sua história contada a partir do pouco que se lembrava a respeito das situações, e também posteriormente recontada em diferentes versões, a diferentes pessoas, aos seus amigos-atores, à sua mãe etc., teria levado sua médica psiquiatra, a Dra. Ana Paula, a diagnosticá-lo com psicose maníaco-depressiva, transtorno bipolar do humor, ou distúrbio bipolar. Havia uma suspeita grave, por parte do proponente-paciente: que os sentimentos que sentiu pela primeira vez em meio à grandiosidade do deserto, assim como a experiência grandiosa de apaixonar-se pela primeira vez (sem no entanto, ser correspondido), contados e examinados sob a luz da medicina psiquiátrica, poderiam ter levado a um diagnóstico psiquiátrico, médico-científico, talvez equivocado e/ou ficcional de bipolaridade, e acreditando serem esses sentimentos não mais do que sentimentos comuns (ao invés de sentimentos doentes), apesar de grandiosos e próprios apenas de quem ainda é jovem, muito jovem (FiódorDostoiévski), o diagnóstico que seria para a vida toda então não passava mesmo de um equívoco, ou de uma ficção.[35]

Uma primeira abertura pública do processo aconteceu em julho de 2013 na vila Maria Zélia, sede do Grupo XIX de teatro, dentro do Núcleo de Compartilhamento e Orientação de Projetos[36]. Foi o formato de uma exposição novamente que revelou agora as "mochilas" dos outros dois desertos. Mas dessa vez, ainda que timidamente, em letras miúdas, com pouca iluminação como quem hesita no tanto que quer dar a ver, os diários

---

35 Texto fornecido por Hugo Reis à autora.
36 Núcleo de trabalho criado pela autora em 2013, sob os auspícios da Lei de Fomento ao Teatro da Cidade de São Paulo, para artistas desenvolvendo projeto próprio e buscando interlocução. Funcionavam também como possibilidade de contar com um espaço físico e alguma infra-estrutura para colocar os experimentos em prática.

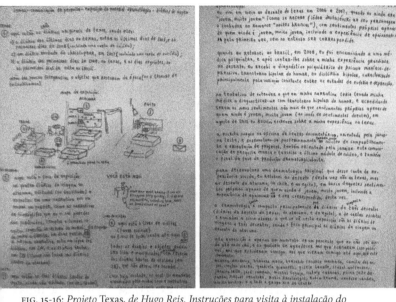

FIG. 15-16: *Projeto Texas*, de Hugo Reis. Instruções para visita à instalação do "Projeto Texas" apresentada no núcleo de projetos em 2013. Foto: Hugo Reis.

foram abertos, já num primeiro exercício narrativo feito de recortes, grifos, rasuras, censuras.

No espaço dividido entre os três desertos e nos fragmentos expostos já entrevíamos a história original transformada em tema e ressignificada pelas narrativas do Atacama e do Egito. Os desertos tornam-se elementos fundamentais na experiência. Eles fazem cruzar os polos do documentário e da ficção na empreitada de Hugo. Vivências radicais e espaços de ficcionalização da matriz autobiográfica distante no Texas. O deserto, no mais, habita nosso imaginário como uma alteridade absoluta, o desconhecido e sendo absolutamente real na experiência de Hugo é também esse espaço suspenso, onde o calor, a solidão, o silêncio, os imensos vazios, possibilitam as miragens em que se confundem o vivido e o sonhado. Apresenta ainda o paradoxo de ser um espaço onde nada permanece o mesmo, onde todos os rastros se dissipam com o vento e o movimento da areia em oposição ao registro quase obsessivo do autor. Sem ser metáfora, os desertos em Texas tornam a história autobiográfica de Hugo uma miragem que pode ser vista por muitos ângulos de uma só vez.

MOSTRA MEMÓRIAS, ARQUIVOS E (AUTO)BIOGRAFIAS

Em janeiro de 2014 teve lugar a mostra Memórias, Arquivos e (Auto)Biografias composta de trabalhos desenvolvidos no Núcleo de Projetos em Andamento[37].

O potencial do material trazido pelos participantes, o aprofundamento da pesquisa de cada um a cada vez que esta era apresentada ao grupo, assim como uma certa confluência temática, deram o ensejo para uma grande mostra de trabalhos em processo que aconteceu na Vila Maria Zélia[38]. Foram treze trabalhos que tiveram como tônica o uso de materiais (auto)biográficos, o trabalho sobre arquivos e a autorreflexão sobre os processos.

Dentro da perspectiva declaradamente autobiográfica e em caráter solo, *Quebra-Cabeças* de Camila dos Anjos tratava do início precoce da atriz na televisão e as consequências de uma vida midiatizada. Enquanto exibia seu primeiro comercial na televisão aos sete anos, ela comentava, ironizando, os trejeitos exagerados, o sorriso forçado:

Este foi meu primeiro comercial. Era bem natural, bem espontâneo, como vocês podem perceber. Em minha defesa, eu me lembro da diretora falando que era "mais animado, mais alegria, mais alegria, mais alegria" e deu nisso. Eu tinha sete anos. Eu tenho *flashes* dessa gravação como *flashes* de infância. Eu lembro que a diretora falava que eu parecia a Judy Garland no Mágico de Oz.[39]

Através dos vários registros que ela guarda desde a infância em seus inúmeros trabalhos na TV, ela ressaltava por exemplo

---

[37] Nesta edição, foram dezessete projetos escolhidos em seleção pública e mais seis projetos "ouvintes". A cada semana, ao longo de quatro meses, dois ou três trabalhos abriam seu material para o grupo, no formato que bem entendesse e, na sequência, ouviam as apreciações. O núcleo se mostrou muito fértil nessa possibilidade de mostrar o trabalho ao grupo, ouvir críticas e apontamentos, depois responder a isso a partir de uma nova formulação. O núcleo e a mostra que se seguiu aconteceram na sede do Grupo XIX de Teatro, sob apoio da Lei de Fomento ao Teatro para a cidade de São Paulo e ambos sob orientação e curadoria da autora deste livro. Mais informações sobre os projetos que integraram a mostra, disponível em:<http://oquesemostra.blogspot.com.br/>.

[38] Sobre a cobertura da Mostra, disponível em: <http://www1.folha.uol.com.br1> e <http://redeglobo.globo.com>.

[39] C. dos Anjos, *Quebra-Cabeças*. (Todos os textos citados aqui foram cedidos pelos criadores à autora, uma vez que nenhum deles se encontra ainda publicado.)

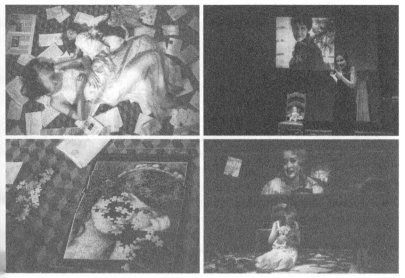

FIGS. 17-20: Quebra-Cabeças (2014), de Camila dos Anjos. A autora/atriz em cena. Foto: Estevan Anjos.

a estranheza de ter todas as suas transformações físicas registradas: as mudanças no corpo ao se tornar adolescente, depois mulher, emagrecer, engordar, envelhecer.

Quando eu comecei a ver os VHS antigos pra selecionar material para a pesquisa, eu comecei pelo seriado *Sandy e Junior*, que foi um seriado que eu fiz durante quatro anos, dos meus doze aos dezesseis. Assistindo as fitas, eu me dei conta que as minhas mudanças físicas, de quando você passa de um final de infância para adolescência, estão todas documentadas. As alterações do meu rosto, do meu corpo e da minha voz, aparecem em cada episódio desses quatro anos. Eu me vejo como espectadora de algo *que eu não reconheço mais*, como se aquilo tudo fosse uma ficção. Mas aí vem um cheiro, uma música, a textura, a estampa de um figurino, um abraço, uma carta que me lembram de alguma forma que eu realmente estava lá e que eu vivi tudo aquilo.[40]

Ela sublinhava também uma cronologia alterada quando contava por exemplo que deu seu primeiro beijo na TV, antes de ter passado pela experiência na vida real: "eu dei meu primeiro beijo antes de dar meu primeiro beijo" ela dizia no solo, mostrando na sequência, projetados, vários momentos de

40 Ibidem.

experiências vividas na cena que ela não viveu na vida, como parir e perder alguém da família. A dramaturgia terminava por questionar as consequências do trabalho precoce, as altas expectativas em torno do sucesso, e na mesma medida a sensação de fracasso ao não fazer vingar a promessa anunciada de se tornar uma atriz famosa, uma celebridade.

Eu me lembro da minha mãe com nosso Monza prata, placa amarela, me levando nos testes. Eu me lembro da mão, cheia de veias, da minha mãe preenchendo o Zona Azul. Eu lembro que ela batia os textos comigo e me dava dicas. Eu lembro que eu passava um corretivo da Avon, em forma de batom, nas olheiras que eu sempre tive e que eu olhava no espelho do carro e me sentia bonita com a minha camisa jeans e com meus cachos escovados. Eu lembro que os testes eram demorados e barulhentos, e que naquela época não existia cachê teste nem pra adulto. Caravelas, Jorge Chamas, Cine, Praça Panamericana. Eu lembro que naquela época também não tinha celular e que o meu coração batia forte toda vez que eu esperava resposta de algum teste importante e o telefone de casa tocava. Eu lembro que meu pai comprou uma secretária eletrônica e alguns anos depois um celular Startac. Naquela época também não tinha e-mail, a agência ligava na minha casa e ditava o texto dos testes. Eu lembro que os primeiros textos que eu estudei eram com a letra da minha mãe. Eu lembro que enquanto a gente esperava, eu brincava com as outras crianças e minha mãe fazia amizade com as outras mães. Eu lembro que com meus cachês, eu comprava vestidos floridos e tiaras coloridas na Giovanna Baby, Colucci Bambini, e presenteava as pessoas que eu gostava com bichos de pelúcia. Eu lembro que era divertido e que eu gostava, mas também era cansativo, como trabalho de gente grande. Eu lembro que no Emilie, a minha escola, eu era a menina que aparecia na televisão. Eu saia no jornal do Emilie, o Folha Azul, "Camila brilha nas telinhas". Eu lembro que eu gostava, até certo ponto, depois isso me intimidava um pouco. Eu lembro que parecia que a minha vida acabava sempre que eu não passava em algum teste que eu queria muito. Eu também me lembro da sensação de não ter nenhum tipo de conceito ou pretensão. Sem me preocupar em ser original ou *propor novas formas*. Sem me preocupar com meu desempenho ou com as críticas. *Sem passar longos anos esperando não sei o que.* Sem ter a sensação de ser alguém esperando por alguma coisa que talvez nem venha. Sem esperar nada.[41]

Num dos ensaios abertos dentro do núcleo, Camila espalhou pelo chão centenas de cartas que ela recebia de outras crianças na época em que fazia a série *Sandy e Junior*, da qual

[41] Ibidem.

ela era umas das protagonistas. Durante um tempo, o público podia transitar e mesmo ler o conteúdo das cartas. Numa delas, uma criança de João Pessoa diz coisas como: "sinto tanta falta de alguém para conversar. A minha felicidade depende da tua". Eram cartas de crianças que se projetavam nela, que queriam ser iguais a ela, ser famosas, aparecer na TV, ou que queriam simplesmente ser suas amigas, tê-la como confidente. Em um momento da apresentação, Camila contava que não lia as cartas. Quem as respondia eram sua mãe e sua irmã mais velha. O que em um primeiro momento poderia parecer um traço de arrogância ou descaso de uma celebridade em relação aos seus fãs, era relativizado ao sabermos do cotidiano de uma menina que viajava todos os dias quase de madrugada para as gravações, voltava a tempo de ir para a escola e ainda chegava em casa para decorar os textos das filmagens do dia seguinte. O tema da infância roubada acabava por se sobressair. Tanto mais quando Camila trazia referências de outras atrizes que tiveram início precoce na TV e fins trágicos, como Judy Garland.

A Judy Garland era considerada o patinho feio da MGM. O diretor do estúdio a chamava de minha "pequena corcunda". O padrão de beleza, de protagonistas da época era outro: Elisabeth Taylor, Ava Gardner. Ela usava um molde no nariz para ficar mais arrebitado e ficou viciada em medicamentos para perder peso. Ela teve uma vida cheia de *glamour*, anfetaminas, divórcios, internações, inúmeras tentativas de suicídio. Ela foi encontrada morta no banheiro da própria casa, aos 47 anos. O médico legista declarou no inquérito que a causa da morte foi uma overdose acidental. Nos seus últimos anos de vida ela acusou a MGM de ter roubado a sua infância.[42]

"Eu não sou vítima" é escrita na parede com giz e, ao longo da apresentação, a pontuação vai sendo alterada para uma interrogação, uma exclamação, um ponto final, mostrando a oscilação, a consciência e a inconsciência de todo o processo, o desejo e a recusa em relação àquele tipo de sucesso proporcionado pela TV, a afirmação por um novo caminho ao se propor, ela mesma, dentro de um contexto de teatro de pesquisa, a investigar e expor essa trajetória. Ao mesmo tempo, sentimos uma certa sombra de fracasso por não estar mais *lá,* por se sentir muito velha já

42 Ibidem.

que se trata de uma carreira de mais de vinte anos, e ao mesmo tempo, a sensação de não ter lugar, ou estar tentando recomeçar em um novo lugar. No entanto, a essa altura, os contornos dessa narrativa, de seu teor documental, já se confundem com uma outra narrativa que vai ganhando espaço: da personagem Nina de *A Gaivota*. Dessa forma, ao cruzar a própria história, com a história da personagem de Tchékhov (que também lida com o desejo de ser atriz e uma trajetória frustrada), Dos Anjos vai ampliando os sentidos do material pessoal. Sem marcar a passagem de um registro a outro, "confissões" próprias e confissões de Nina de *A Gaivota* vão se embaralhando borrando os limites entre realidade e ficção culminando na cena final da peça onde a atriz diz seu monólogo final:

Estou tão consumida! Seria tão bom poder descansar... descansar! (Ergue a cabeça) Sou uma gaivota... Não! Sou uma atriz. É isto! (Aguça os ouvidos.) Ele também está aqui... Pois é... Não é nada, Kostia... Sim... Ele não acreditava no teatro, sempre ria dos meus sonhos, de modo que, aos poucos, eu também fui perdendo a crença e a coragem... Me tornei mesquinha, insignificante, representava sem convencer. Não sabia o que fazer com as mãos, como me postar em cena, não dominava a voz. Você não pode compreender o que é isso, um ator ter a consciência de que atua terrivelmente mal. Sou uma gaivota. Mas também não é isso... (Esfrega a testa) De que eu falava mesmo?... Ah, sim, falava do teatro. Agora sou outra pessoa. Agora sou uma atriz de verdade, trabalho com prazer e paixão. No palco uma embriaguez se apodera de mim e me sinto bela. Desde que estou aqui, passo o tempo andando, perambulando, pensando, pensando, e sinto o ânimo crescer a cada dia... E agora, Kostia, já sei e compreendo que, em nosso trabalho – tanto faz se atuamos no palco ou escrevemos – o importante não é a glória, nem o brilho ou a realização dos sonhos, e sim saber sofrer, saber carregar a cruz e ter fé! Eu tenho fé e não sinto tanta dor e, quando penso em minha profissão já não temo mais a vida.

Dentro dessa perspectiva, solo e autobiográfica, com ênfase num trabalho de construção narrativa em primeira pessoa, estiveram presentes também os trabalhos de Georgiana Góes e Flávio Barollo. Em *Pequenos e Grandes Gestos de Despedida*, Góes conta a história de um fim de relacionamento. O trabalho nasceu numa experiência em que a atriz ficava frente a frente com um único espectador e contava a história desse amor perdido. Durante doze horas, no quarto de um apartamento no Rio de Janeiro, dentro do Festival Home Theatre em março de 2013, a atriz recebia um convidado de cada vez para essa experiência confessional.

Em *Rebelde Sem Causa*, Flávio Barollo vasculhava em suas centenas de horas de material em vídeo filmados desde a adolescência e nos pontos de virada da sua biografia, alguns sentidos que justificassem a sua atual crise pessoal e profissional. O ator e videoartista explora o uso do *videomapping* para criar inúmeras *janelas* audiovisuais no espaço editando a própria biografia ao vivo. Como um VJ, Barollo manipulava esses arquivos junto a outros de pensadores contemporâneos e entrevistados. O traço performativo se dava nessa manipulação ao vivo e também ao construir uma parede ao longo da apresentação. Com cimento e blocos, Barollo *brincava* com sua formação original como engenheiro civil. Ao mesmo tempo que construía o muro, descontruía a trajetória de um homem que de fazedor de prédios (e ele enumerava grandes obras em São Paulo que foram de sua responsabilidade como engenheiro) passa a ser ator.

Os territórios híbridos, com fronteiras movediças também se fizeram bastante presentes. Janaina Carrer com sua formação em dança e em teatro, apresentava, sob a luz do dia e debaixo de uma grande árvore na Vila Maria Zélia, um solo sobre suas origens numa família umbandista e sua busca por uma arte de transmutação, onde ela encontraria esse sagrado tão presente em suas memórias na arte, através do que ela chamava de poder alquímico.

Felipe Teixeira Pinto, ou Fepa, trouxe o trabalho *Baseado em Fatos Reais*, no qual ele parte de sua experiência como professor de filosofia e como músico para realizar uma espécie de *show*-aula cênico, onde canções se misturam a fragmentos autobiográficos, a ensaios filosóficos, e a exibições de entrevistas e de vídeos de eventos da vida pública como a primavera árabe ou as manifestações de junho de 2013 no Brasil. Durante toda a apresentação, um fotógrafo passeia pelo público e lança a provocação: "Complete a frase: *antes de morrer eu quero...*"[43]. E com uma polaroide registra a expressão do rosto das pessoas

---

43 Referência explícita dentro da dramaturgia ao trabalho da artista Kate Chang que propõe em muros de espaços abandonados ou ociosos por cidades do mundo todo a frase *Before I die...*, tendo a frase completada e os muros completamente preenchidos por passantes dessas cidades.

FIGS. 21-23: Baseado em Fatos Reais *(2015)*, *de Felipe Teixeira Pinto (Fepa) e Janaina Leite. O músico e* performer *Fepa em cenas do espetáculo multimídia. Foto: Flávio Barollo e Marina Thomé.*

presentes enquanto pensam na questão. Ao longo do "show" a pergunta "O que você precisa fazer antes de morrer?" é o recorte dramatúrgico que vai orientando o percurso entre os materiais articulados por Fepa. Aos poucos, através de projeções, e também pelo espaço que funciona como uma instalação, descobrimos que essas fotos vêm sendo tiradas há meses, que se tratam já de centenas de pessoas que foram flagradas ao tentar completar a frase proposta. Ao fim dessa experiência cênico-musical, numa espécie de antibis, quebrando com a expectativa convencional de um show de música, as luzes de serviço se acendem e o público é convidado a escrever sobre suas fotografias, agora já integrando a instalação com as fotos acumuladas, os seus desejos e expectativas de futuro[44].

Ainda nesses territórios fronteiriços, uma performance e uma videoinstalação fizeram parte da mostra. Flávia Paladino, em seu percurso dentro do núcleo, realizou três performances, sendo a terceira – *O Equilíbrio* – apresentada dentro da programação da mostra. Nesta última, a *performer*, sempre com enunciados precisos, se dava a tarefa de beber treze taças de vinho, em frente à

---

44   *Baseado em Fatos Reais* estreou oficialmente em 2015 com apoio do edital Proac Artes Integradas com direção de Felipe Teixeira Pinto e Janaina Leite.

entrada de uma igreja, estando de sapato de salto e em cima de uma cadeira. As taças já estavam cheias e dispostas em fileira na escadaria da igreja. O público, no início da performance, recebia o seguinte dizer: "Tenho que beber todas as taças de vinho sem descer da cadeira. Peço para que me entreguem uma nova taça quando a anterior estiver vazia." O trabalho de Flávia parece se alinhar à ideia de programa performativo tal qual definido por Eleonora Fabião: "O programa é o enunciado da performance: um conjunto de ações previamente estipuladas, claramente articuladas e conceitualmente polidas a ser realizado pelo artista, pelo público ou por ambos sem ensaio prévio. Ou seja, a temporalidade do programa é muito diferente daquela do espetáculo, do ensaio, da improvisação, da coreografia."[45]

Flávia, em suas três performances, estabelecia objetivos claros, sempre baseados em ações a serem executadas, com algum ou grande nível de dificuldade e risco, utilizando elementos de forte carga simbólica – ainda que nenhum dos trabalhos fosse "narrativo" – e que provocassem algum nível de transformação de estado, físico ou psicológico. Em sua primeira performance, Flávia, de olhos vendados, deveria arrastar um saco preto contendo 83 quilos de sal grosso, por uma determinada distância dentro de um trajeto bastante perigoso – que ela não tinha feito de antemão – e chegar até um copo d'água que a aguardava no fim do percurso. Com um pequeno furo em uma das laterais o sal saía lentamente, mas ainda permanecia quase impossível a empreitada.

Durante longos minutos o público assistiu a *performer* fazer muita força para arrastar a carga. Algumas das pessoas não suportaram tamanho esforço e aumentaram o buraco no saco que fez fluir um pouco mais a saída do sal. Flávia começou a ganhar movimento, sempre com muito esforço, sempre em risco, andando vendada, de salto alto, por um quarteirão com buracos, entulhos, pregos. O trabalho durou mais de uma hora e mesmo com a indicação de que o público poderia partir quando bem entendesse, todos acompanharam do início ao fim a trajetória que ela se impôs. Ao final, o corpo extenuado bebendo um copo d'água não permitia que se sobressaísse qualquer traço de representação. No entanto, a alta carga simbólica

---

[45] E. Fabião, Programa Performativo: O Corpo em Experiência. *Revista do Lume*, n. 4, p. 04, disponível em:<http://www.cocen.rei.unicamp.br>.

FIG. 24: Performance sem título *(2013)*, *Flávia Paladino faz uma escada com estrados abandonados.* Foto: Felipe Teixeira Pinto.

dos elementos –, o traço branco de sal como um rastro por centenas de metros, o fardo carregado, o risco, a dor, a dificuldade, a venda, mesmo o impasse do público em ajudar ou não – era algo que ela precisava fazer sozinha? Ou justamente, ela precisava de ajuda? Tudo isso gerava um campo de leitura que convidava o espectador a trabalhar a partir dos signos e a vivenciar a concretude da experiência proposta.

O terceiro trabalho apresentado também pela *performer* tinha um programa claro: encontrar estrados de cama abandonados pelo bairro onde trabalhávamos – o bairro do Belém – e construir uma escada com suas ripas de forma a poder resgatar um par de sapatos atirados por sobre os fios de eletricidade de um poste. Dessa vez, a tarefa parecia mais impossível ainda. Mas novamente, em seu enunciado ela não dirigia a ação do público, apenas informava que era uma performance de tempo indeterminado e que o público poderia ir embora quando quisesse.

Obviamente que está pressuposto no trabalho a possibilidade de não ser capaz, de não concluir, assim como as possíveis intervenções que podem surgir da parte do público. Distante de um registro representativo mais evidente e lidando com o presente e o inesperado de seus programas, Flávia não parecia

FIG. 25: Performance sem título (2013), de Flávia Paladino. Participantes do núcleo de projetos interagem com a performance. Foto: Felipe Teixeira Pinto.

tentar direcionar nada, nem achar errado ou certo qualquer coisa que se passasse. Dessa vez, o acontecimento ganhou certa leveza já que aos poucos a performance individual e contemplativa virou uma espécie de mutirão onde todos os assistentes se engajaram na construção da escada impossível. Ripas de madeira, martelos, pregos, sombrinhas por causa do sol a pino, todos se revezavam nas funções e ajudaram Flávia a subir na escada quando esta ficou pronta para pegar as botinas presas por um laço vermelho nos fios de eletricidade. Esse mesmo engajamento do público aconteceu na performance com as taças de vinho em que, ao percebermos a alteração visível da *performer* se equilibrando na cadeira somando goles de vinho, os olhos lacrimejantes, a pele vermelha, o suor, a mudança na respiração, foi impossível para muitos, mais uma vez, não se sentir *responsável* – o que gerou apreensão e dúvida sobre o que fazer. Depois que a performer vomitou, mantendo-se ainda assim sobre a cadeira, disposta a continuar a performance, os que se seguiram para entregar a taça, tomavam grandes goles do conteúdo para amenizar a tarefa. Tiveram aqueles, em todas as performances, que se indignavam com os outros que estariam *atrapalhando* ou *facilitando* a performance. Ainda assim, a questão revela o quanto o público se sentia necessariamente chamado a se posicionar, pela solidariedade, pela indiferença, pelo sadismo, pelo companheirismo. as performances criavam de fato um acontecimento para todos os presentes e estabeleciam uma espécie de vínculo em torno daquela ação.

Já o ator português Rodrigo Pereira optou por apresentar seu trabalho na forma de uma instalação multimídia. Em seu *Workshow de Autoconhecimento* Rodrigo propõe o que ele chama de "Experimentos Aleatórios Sobre os Eu's". Na porta da instalação, a frase "The artist is not present" fazia claramente referência ao trabalho de Marina Abramović *The Artist Is Present*, em que ela permanecia por horas sentada, recebendo o público que vinha, simplesmente, sentar-se diante dela. O culto do eu era abertamente questionado por Rodrigo que, sem estar presente, criava/mostrava diversas facetas de si mesmo para o público que transitava por entre imagens em vídeo ao mesmo tempo que ouvia num aparelho de mp3 textos gravados com supostas apresentações sobre Rodrigo, ou mesmo diferentes textos reflexivos ou anedóticos que deixavam entrever possíveis imagens para um Eu que se revelava em construção diante do público. Num dos áudios, Rodrigo dizia que a pessoa tinha sido escolhida dentre todas para ouvir um segredo. Propunha algo como uma aproximação empática em tom confessional. Já no áudio seguinte, ele desmontava esse vínculo proposto:

Você na verdade não foi escolhida e tentei usar vários métodos para que conseguisse olhar para mim de uma forma carinhosa, passo a citar:
    Falei diretamente para si, de uma forma íntima e meio desesperada.
    Falei de amor e de olhares, algo a que todos somos mais ou menos sensíveis.
    Usei frases vazias de sentido para que você pudesse pôr nessas palavras todo o sentido que anda a procurar para você. As palavras são apenas a forma que você deu ao seu problema emocional.
    Pus uma música que tem um qualquer efeito emocionante. Já tentei teorizar o porquê de a música conseguir entrar tão fundo, mas a verdade é que nunca entendi. Mas ainda bem, porque assim posso continuar a usá-la para tentar que as pessoas me considerem uma Boa-Pessoa enquanto digo merda.

Um computador com o perfil do Facebook aberto de Rodrigo estava disponível para que o público escrevesse o que bem entendesse, de forma que durante aquelas horas em que a instalação ficou aberta, o avatar de Rodrigo ganhou diferentes feições públicas a partir do que era escrito por outras pessoas. Em nenhum momento Rodrigo se deixou ver pessoalmente pelo público deixando levar ao limite esse campo de projeções. Ao final, um leilão era realizado com canecas, bottons e camisetas com o rosto dele.

O cruzamento de biografias também foi ponto de partida para alguns trabalhos. Seja no formato solo, em *Léo Não Pode Mudar O Mundo*, em que a atriz Nataly Cabanas tecia fatos da sua autobiografia com a história da personagem histórica Imperatriz Leopoldina, seja no trabalho do dramaturgo Marcos Gomes em que seus vários atores transitavam entre sua própria condição de trabalhadores/atores e a de personagens inspiradas em depoimentos reais de pessoas em situações de *stress* no trabalho, chegando a casos extremos – porém frequentes – de suicídios no mundo corporativo.

A dramaturgia de Marcos joga com a discussão tão colocada sobre o embaralhamento do real e o ficcional. Em sua peça *Luz Fria* assistimos à tentativa de reconstituição do suicídio de um funcionário de um banco a partir dos depoimentos de seus colegas de escritório. Diz-se tratar-se de um caso real. No entanto, o autor joga com o pacto proposto ao público:

Boa noite. Obrigada por terem vindo. Antes de começar, é importante que vocês saibam: Esta peça é baseada em fatos reais. Em janeiro de 2007, na cidade de Osasco, um funcionário do banco Bradesco se enforcou no banheiro do escritório. Seu nome era Max. Essa peça foi escrita a partir de depoimentos de pessoas que trabalharam com ele.[46]

No momento seguinte, um outro ator se coloca diante do público sob uma nova perspectiva:

Boa noite. Obrigado por terem vindo. Antes de começar, é importante que vocês saibam: Esta peça é uma obra de ficção. Não existe nenhuma relação entre o que vai acontecer aqui e a realidade. Não é nossa intenção prejudicar, denegrir, comentar, mencionar, sugerir ou sujar a imagem de nenhuma pessoa, física ou jurídica.[47]

46 M. Gomes, *Luz Fria*.
47 Ibidem.

FIG. 26: Ele Quer um Nome *(2015)*, *de André Martins e Daniel Viana. Cena com os autores/atores. Foto: Guilherme Castoldi.*

A partir daí a dramaturgia segue o encalço da história de suicídio de Max. A própria tentativa de reconstituir um suicídio do qual não é mais possível ter a versão do morto, e o que restam são as versões das pessoas que viram, que ouviram dizer, em que o próprio limite da situação termina por abalar àqueles que ficaram, tornando seus depoimentos algo fantasiosos ou exagerados ou, ainda, tendenciosos, tudo corrobora para a ideia de uma confusão entre real e imaginário onde os limites entre ambos são borrados pelo próprio e sempre parcial ponto de vista que se esforça para reter e, mais ainda, narrar os fatos.

O embaralhamento entre ficcional e real foi, explicitamente, o mote do trabalho *Ele Quer um Nome*. A dupla André Martins e Daniel Viana apresenta da seguinte maneira sua criação:"Um é fotógrafo e o Outro escritor. Ambos ficcionistas. Um transforma histórias em imagens congeladas, enquanto Outro troca causos por contos. Misturando relatos reais com ficcionais, Um e Outro recriam experiências sobre amor, sexo e consequências. Os Dois querem te confundir, pois nem tudo 'é' o que 'é'"[48]

A intenção explícita em *confundir* –, que poderia cair num certo maneirismo já bastante visto na cena contemporânea, que

---

48 A. Martins; D. Viana, texto extraído do catálogo do programa da mostra Arquivos, Memórias e (Auto)biografias.

brinca com o real, ganha ares lúdicos no trabalho, já que se trata, verdadeiramente, de uma dupla cômica, quase um Branco e um Augusto –, e o dado real das profissões dos dois artistas (que também são atores) imprimem uma autenticidade particular na busca pelas ficções que eles manipulam em cena. A *confusão* proposta serve muito mais para alimentar um certo convite à liberdade, que contradiz (conscientemente) o nome do trabalho. No fim das contas, a peça apresentada, no que tange aos temas da sexualidade e dos relacionamentos amorosos, faz um convite ao desprendimento dos *nomes* e à invenção, escancarada, lúdica e provocativa[49].

CONSIDERAÇÕES E ESTIGMAS EM TORNO DO AUTOBIOGRÁFICO

A história da autobiografia é marcada por certo desconforto por parte dos artistas, que muitas vezes não querem ter seus trabalhos tomados por um simples "testemunho", assim como, por parte da crítica, que se pergunta o que legitima que uma história pessoal se imponha como obra. E ainda, também por parte do público, que muitas vezes se vê constrangido diante de uma exposição pessoal que pode beirar o narcisismo ou o confessionalismo terapêutico.

Sob certo aspecto, o autobiográfico e a história de sua consolidação enquanto gênero contribuíram para que se formasse talvez a principal sombra que paira sobre as obras autobiográficas, que é a de uma espécie de *crise pessoal tornada pública*. As narrativas de formação, como vimos, trazem em sua origem e deixam como legado o sentido de uma vida que se transforma a partir de uma experiência de superação. Soma-se a isso o fato de que o gesto autobiográfico recaia, muitas vezes, sobre os momentos de *exceção,* ou seja, sobre experiências extremas da vida de um indivíduo, que convertem-se em matéria artística.

---

[49] Os artistas, após a realização da Mostra, seguiram com a pesquisa e radicalizaram no hibridismo de linguagens já apontado. O trabalho deu origem ao coletivo "Ele Quer um Nome" composto por cinquenta *performers* de diversas áreas. Sexualidade e gênero, assim como o mundo virtual e a tecnologia continuam sendo temas constantes e alinhavadores das ações, mas a indiscernibilidade do campo em que essas ações se situam parecem justificar mais radicalmente ainda a ideia por trás do nome com o qual o coletivo foi batizado pela dupla.

FIG. 27: Luis Antônio-Gabriela *(2012), de Nelson Baskerville e Cia. Mugunza. Veronica Gentilin, Lucas Breda e, ao fundo, Marcos Felipe. Fotos: Bob Souza.*

As experiências de trauma são uma constante entre tais "exceções". Perdas, violências extremas, moléstias são revisitadas, recriadas nessas elaborações, e corroboram para a associação do autobiográfico com o terapêutico. Da performance *Rumstick Road* (1967) onde Spalding Gray retoma o suicídio da mãe, aos textos do escritor Georges Perec, nos quais ele visita incansavelmente o tema do desaparecimento da família nos campos de concentração nazistas, temos inúmeros exemplos de obras autobiográficas que são marcadas por traumas.

Na cena atual paulistana, podemos citar o espetáculo *Luis Antônio-Gabriela* (2011) onde o diretor Nelson Baskerville retoma a vivência de abusos sofridos na infância e a história do irmão que se tornou travesti. Optando pelo registro épico, o espetáculo, em suas escolhas formais, procura distanciar-se do fato pessoal ao mesmo tempo que, numa corrente inversa, frisa o caráter de *acerto de contas* com o passado. É marcante a cena final, onde depois de uma canção de claro apelo emocional entoada pelos atores, um painel eletrônico deixa correr com letras luminosas o pedido de desculpas de Baskerville para o irmão já falecido.

O espetáculo *Azirilhante* (2013) de Flávia Melmam trata do delicado tema do suicídio de sua mãe. Melmam opta também por imprimir certa distância em relação ao vivido através de marcados contornos fabulares da dramaturgia e da encenação. Diferentemente de Baskerville, que coloca documentos em cena, entrevistas, evidenciando o caráter autobiográfico do trabalho, Melman e a diretora Daniela Duarte não recorrem a nenhum elemento que faça menção explícita ao fato de se tratar de uma história real. O público pode talvez intuir o teor autobiográfico quando em alguns momentos a atriz se dirige diretamente para a plateia e divide algumas reflexões que apontam para a instância da atriz e filha. Mas mesmo nesses momentos, não há nenhuma explicitação do fato que motivou a criação do espetáculo e o seu processo de criação de quase três anos. É na sinopse divulgada do trabalho, um elemento exterior à dramaturgia e encenação, que o direcionamento para a fruição de uma história de teor autobiográfico se evidencia. Pode-se pensar, em termos de recepção, se a experiência da peça é alterada para o público que lê a obra a partir de uma perspectiva autobiográfica, e para aquele que a frui dentro de uma percepção inteiramente fabular. O pesquisador Luiz Fernando Ramos em sua crítica ao espetáculo realiza a sua leitura a partir da premissa pessoal de uma atriz que decide "reabrir as feridas" de uma experiência traumática, e fazer desta uma obra de arte. O crítico evidencia a "coragem artística de trazer à tona traumas vividos"[50] e, dentro da problemática aqui abordada, da função curativa que esses processos podem comportar, Ramos parece concordar com tal hipótese, e termina sua apreciação propondo que a artista "alcançou ali um brilho que a liberta de sua sombra."[51]

A possibilidade de *superação* de algo que se apresenta traumático na esfera pessoal também aparece em alguns dos monólogos do espetáculo *Ficção* (2012), da Cia.Hiato, com direção de Léo Moreira. O espetáculo é composto de seis solos onde os atores, se apresentando com seus próprios nomes, relatam experiências aparentemente pessoais (já que em muitos momentos chama-se atenção para a possibilidade de que o ator esteja apenas "jogando" com essa expectativa do público, e não se trate realmente de experiências pessoais).

50   L.F. Ramos, Peça Usa Metáfora Para Tratar do Suicídio, *Folha de S. Paulo*, disponível em:<http://www1.folha.uol.com.br/>.
51   Ibidem.

FIG. 28: Ficção, *da Cia. Hiato (2013). Em cena, o "não ator" Dilson do Amaral. Foto: Lígia Jardim.*

No solo executado pelo ator Thiago Amaral, conhecemos a história da recusa de um pai em aceitar um filho homossexual. Thiago conta que foi, inclusive, interditado juridicamente pelo pai, que queria tirar do filho os direitos de herança, deixando de reconhecê-lo enquanto tal. A narrativa se dá, todo o tempo, sob a presença de um senhor de idade que acompanha a cena, interage com ela em alguns momentos e que, ao longo do espetáculo, ficaremos sabendo se tratar do pai de Thiago. Pai e filho em cena (assumindo que se trata de seu pai, sendo-o efetivamente ou não), após conhecermos a narrativa da fase certamente conturbada da relação, apontam para a possibilidade de solução do impasse e amadurecimento afetivo do vínculo de ambos.

Retomando a discussão proposta, o que nos parece é que nessas obras e nas demais tentativas de representação autobiográfica, as figurações e escolhas estéticas não são simplesmente uma forma de expressar o vivido, mas, o próprio espaço de sua *elaboração*. Daí seu caráter "terapêutico", se entendermos o terapêutico como o terreno de uma *ação* sobre si mesmo, sobre o vivido, em que o indivíduo, ao dar forma à experiência, pode entrar em confronto com as figuras de si mesmo, do passado e do presente, e dar-lhes mobilidade, movimento. Por outro lado, essa associação com o terapêutico, que se justifica na própria ideia de *gestalt* compreendida no ato de *dar forma* ao vivido, não parece de modo algum dar conta do salto representacional que podemos assinalar, sobretudo a partir dos anos de 1970, e que marca a arte contemporânea. A literatura, as artes plásticas e a performance, com exemplos muito mais frequentes de obras declaradamente autobiográficas, mostram que a figuração nas artes pode se distanciar do modelo da *Bildung* da modernidade. Já sem nenhuma ilusão de unidade e nenhuma ambição de exemplaridade, o que vemos são obras que não procuram expressar a "expansão" ou "desenvolvimento" do ser em direção à sua harmonia (ou sua *cura*?). Ao contrário, elas se fazem nos centros nevrálgicos de nossas representações multifacetadas e instáveis, assim como enfrentam os traumas, não para extrair dali exemplos que possam ser passados adiante, mas, para encontrar núcleos da experiência humana que se convertam em imagens potentes de nossa existência política e subjetiva na contemporaneidade.

4. Ensaios Autobiográficos

FESTA DE SEPARAÇÃO:
UM DOCUMENTÁRIO CÊNICO

A experiência de criação do espetáculo *Festa de Separação: Um Documentário Cênico* (2009)[1], somada a uma longa temporada e circulação de quase três anos, esteve na base de toda a pesquisa que se seguiu, desdobrando-se nos campos da teoria e da criação. É importante dizer que o ineditismo do trabalho, além da sua repercussão, tornaram-no objeto de muitos olhares, não só da crítica, mas também dentro da pesquisa acadêmica. Nesse sentido, buscaremos aqui dialogar com essas referências, no sentido de trazer outras vozes e ampliarmos o olhar sobre o nosso próprio trabalho. Em 2008, quando iniciamos o processo de criação do espetáculo, ainda pouco ou quase nada se falava de teatro documentário no Brasil. O termo em si nos era completamente desconhecido e o próprio subtítulo da peça

1 Mais informações podem ser consultadas no blog <http://festadeseparacao.blogspot.com.br/>. O documentário homônimo dirigido por Evaldo Mocarzel sobre o processo de criação do espetáculo foi exibido no programa *Teatro sem fronteiras* do Canal Brasil (2012), disponível em:<https://www.youtube.com/watch?v=d4oBWW1CPqo>.

"documentário cênico" – hoje já amplamente empregado – foi uma espécie de reinvenção da roda já que nos foi necessário, pela carência de referências, inventarmos os termos de nossa experiência. Mais ainda, agregar ao nome da peça essa espécie de subtítulo, significava clarear o convite que queríamos fazer ao público naquele momento. Era também uma forma de clarear para nós mesmos o caráter de uma experiência que até aquele momento era muito pouco familiar na cena contemporânea brasileira: o ponto de partida declaradamente autobiográfico, a presença de um não ator, a inexistência de fábula e personagem, a premissa de uma experiência real como base de toda a construção dramatúrgica. É possível perceber nas palavras do pesquisador Luiz Fernando Ramos, em crítica publicada no jornal *Folha de S. Paulo*, o quanto o trabalho, naquele momento, parecia abrir um horizonte ainda pouco explorado:

> O cuidado e a precisão impressos às ações realizadas e às imagens projetadas, se afastam a suspeição de uma impostura, sugerem algumas dúvidas para o espectador. Como ele deveria lidar com o fenômeno que se lhe dá a ver? Ser cúmplice na ousadia do casal e identificar na coragem de seu ato um fato artístico relevante? Ou duvidar da autenticidade de seus propósitos na medida em que estão repetindo duas vezes por semana, numa temporada teatral, o que se pretende um registro documental de um momento traumático? O teatro não foi sempre a apresentação de algo distinto da vida que nos faz acreditar ser ela própria quem está ali diante de nós? Só em provocar essas especulações a iniciativa já merece reconhecimento.[2]

As questões lançadas naquele momento por Ramos, como sabemos, vão ser amplamente desdobradas em obras e também na teoria que começa a abordá-las nos anos que se seguiram.

Para nós, naquele momento, oferecer ao público o horizonte "documental" parecia ser a forma de localizar e disponibilizar a audiência para o tipo de experiência que queríamos proporcionar. E isso de fato se deu. Não só no nome agregado ao título do espetáculo, mas no pacto inicial proposto logo no início de cada apresentação. A plateia era dividida em duas, sendo que uma metade era recebida por mim, e a outra por Felipe Teixeira

---

2   L.F. Ramos, Peça Cruza Ficcional e Documental da Vida a Dois, *Folha de S. Paulo*, disponível em:<http://www1.folha.uol.com.br>.

Pinto, músico e professor de filosofia. Essa primeira disposição do espaço e do público foi comentada pela pesquisadora Gabriela Lírio:

O espaço, dividido em dois, o dela e o dele, apresentava como pano de fundo um telão. Objetos familiares criavam identidade, referenciais pertinentes ao universo individual de cada um, revelavam a história pregressa do casal: livros, cds, caixas, garrafas, cadernos, dicionário, instrumentos musicais, câmera, bichos de pelúcia. A ideia foi a de transferir para o palco os vestígios do que restou para cada um da relação, reconfigurando um espaço-casa ambíguo porque visivelmente transitório, um espaço-fronteiriço porque suspenso, não reconstruído, em ruínas, híbrido por se configurar como sendo um espaço de um tempo presente, mas náufrago de um passado em elaboração, um espaço que não é senão o lugar do luto proveniente da ruptura.[3]

Essa reposição do "passado" não se dava por meio de um procedimento dramático. Nenhuma memória do passado era reposta enquanto ação, mas, como bem disse a pesquisadora, se revelava em processo de "elaboração" pela *palavra*. Era pela palavra que os performadores atualizavam aquilo que se anunciava desde o início do trabalho como uma experiência real de separação vivida por um casal.

Boa noite a todos, meu nome é Felipe. Eu queria antes de mais nada dizer que vocês estão sendo convidados a acompanhar e não só, mas a participar também disso que nós estamos chamando de documentário cênico, um documentário realizado a partir de uma festa de separação. Eu fui casado com a Janaina, ela é atriz, eu não sou ator. Sou músico e professor de filosofia. A gente se separou e resolveu realizar isso que estamos chamando de documentário cênico que, diferente de um documentário no cinema, acontece ao vivo e, pela presença de vocês e da nossa, ele se reatualiza a cada vez. Realizamos então algumas festas de separação e convidamos os amigos, os parentes, para ritualizar de alguma forma esse momento. Essa festa, por exemplo, foi para a minha família…(*aponta as pessoas aparecendo no vídeo*).[4]

---

3   G. Lírio, (Auto)Biografia na Cena Contemporânea: Entre a Ficção e a Realidade, em *Anais da Abrace*, p. 3, disponível em: <http//www.portalabrace.org.03>.
4   J. Leite, F. Teixeira Pinto, *Festa de Separação*.

É dessa maneira que Felipe recebia seu público, deixando claro logo de início as diretrizes principais do trabalho: o pressuposto documental, a posição testemunhal de alguém que viveu uma experiência e se coloca diante do outro para contá-la e o eixo dramatúrgico principal do espetáculo que é a ideia e a realização das *festas de separação* (o que por si só já era um elemento de tensão dos planos real e ficcional já que o "luto" anunciado – e esperado – de uma separação real contrastava com o mote principal da dramaturgia: a realização de *festas* de separação).

A Festa de Separação:
Criação Performativa e Dispositivos de Registro

"Se você fosse convidado a ir a uma festa de separação, o que você daria de presente para os 'separados'"? A pergunta era lançada ao público ao mesmo tempo que eram mostrados os presentes recebidos nas festas promovidas como processo de criação para o espetáculo. Em conjunto com o diretor Luiz Fernando Marques, vislumbramos, no momento de decidir como orientar o processo criativo, que em vez de marcar ensaios, iríamos realizar "festas de separação" para desenvolver a estrutura e a dramaturgia do trabalho. Fepa não era ator e eu, apesar de ser atriz, não entendia que a lógica convencional da personagem e de uma construção dramática pudesse ajudar, em relação ao material de que dispúnhamos. E que material era esse? No início do processo, tratava-se de: uma "história real" de amor e separação entre uma atriz e um músico e professor de filosofia; o registro de uma palestra sobre o amor no século XXI proferida pelo professor Júlio Groppa Aquino; e um vídeo, que chamamos de "lua de mel de separação", feito durante uma viagem (a princípio, "de casal", mas que se transformou numa viagem de despedida quando a separação se deflagrou). Foi com esses materiais que fizemos um primeiríssimo roteiro e convidamos o diretor Luiz Fernando Marques, do Grupo XIX de Teatro, para dirigir o trabalho. Com ele, chegamos à conclusão de que, para realizar esse processo, não faria sentido entrar numa sala de ensaio com pressupostos como os da personagem e da fábula. Realizaríamos então verdadeiras "festas de separação", de onde partiríamos de um círculo mais íntimo (familiares e amigos que conviveram com o casal), até chegar a pessoas desconhecidas, que fariam as vezes de um público convencional. As pessoas eram então convidadas para festas que funcionavam como *happenings*[5]. Os anfitriões eram, ao mesmo tempo, o casal que recebia os convidados para a sua festa de separação, e também os *performers* que improvisavam a partir de um conjunto de ações mais ou menos preestabelecidas nos roteiros que se criavam para cada festa e se desenvolviam para a festa seguinte. A criação, o ensaio e a formalização aconteciam simultaneamente, pois as festas, – esses acontecimentos inéditos a cada vez (ou alguém duvida de que numa festa de casamento, ainda que exista um pré-roteiro dado pelo conjunto de ações que compõem a cerimônia, os noivos e convidados não estejam experienciando um acontecimento "real"?), eram a maneira de desenvolver a estrutura para o espetáculo final. Assim, havia um alto grau de performatividade no processo: um espetáculo inteiramente criado a partir de uma situação performativa – a festa de separação – geradora de materiais. Se não empregamos aqui a ideia de *programa performativo* é por haver uma intenção explícita de geração de materiais por meio dessas festas – propósito rejeitado pela pesquisadora e *performer* Eleonora Fabião ao definir a ideia de programa. Mas ainda assim elas eram algo que nos impusemos a nós mesmos de maneira sistemática – foram setes festas ao longo do processo – e que eram por si só situações capazes de produzir novos sentidos, espaços de deslocamento da percepção, de alteração dos estados e desestabilização de paradigmas. A festa ali era, como propõe Fabião um "motor da experimentação", um "enunciado que norteia, move e possibilita a experiência. [...] Programa é motor de experimentação porque a prática do programa cria corpo e relações entre corpos; deflagra negociações

---

5   Na definição de P. Pavis, *Dicionário de Teatro*, p.191: "O *happening* é uma forma de atividade que não usa texto ou programa prefixado (no máximo um roteiro ou um "modo de usar") e que propõe aquilo que ora se chama *acontecimento*, ora *ação*, procedimento, movimento, performance, ou seja, uma atividade proposta e realizada pelos artistas e participantes, utilizando o acaso, o imprevisto e o aleatório, sem vontade de imitar uma ação exterior, de contar uma história, de produzir um significado, usando tanto todas as artes e técnicas imagináveis quanto a realidade circundante."

de pertencimento; ativa circulações afetivas impensáveis antes da formulação e execução do programa. Programa é motor de experimentação psicofísica e política."[6]

Nós e os convidados partilhávamos um acontecimento real que, no entanto, fora deliberadamente provocado. Em seu caráter performativo gerava um campo de real imprevisibilidade dos comportamentos, das sensações e reações.

A estrutura se retroalimentava, na medida em que lançávamos mão de materiais surgidos nas festas anteriores, como depoimentos em vídeo (todas as festas foram registradas pelo cineasta Evaldo Mocarzel) ou, ainda, pequenos acontecimentos que sugeriam procedimentos novos (como os presentes de separação recebidos nas festas e que depois retornariam nas apresentações). O novo material gerado se somava aos arquivos da nossa experiência de casal (como vídeos de viagens, fotos, cartas, memórias) e eram atualizados a cada festa. Não imaginávamos o quanto a presença de um ex-casal verdadeiro e de pessoas que estabeleceram relações pessoais e específicas com esse ex-casal modificariam completamente as ações estabelecidas no pré-roteiro, assim como, os sentidos de tais ações. Ao longo do processo e dos três anos de temporada em que foi preciso lidar com os documentos de uma experiência amorosa, refazendo-se os nexos e se reposicionando em relação a eles, esses sentidos não cessaram de se modificar, de forma que a tensão da própria separação real, presente nas primeiras temporadas, ao fio de três anos, já não existia mais, e o espetáculo sofria internamente uma espécie de trânsito temático, de modo que já não falava mais de separação, mas da possibilidade de ressignificação de uma vivência pela própria passagem do tempo, da possibilidade de uma nova visão sobre o passado, e mesmo dos novos encontros que a vida pode oferecer – já era visível, por exemplo, nas últimas apresentações, em 2012, que eu me encontrava grávida (de um novo relacionamento). O que, certamente, agregava sentidos àquela dramaturgia em que o corpo de cada um de nós se apresentava, também, como testemunho da passagem do tempo e da ressignificação dos acontecimentos de que a cena tratava.

6   E. Fabião, Programa Performativo: O Corpo em Experiência. *Revista do Lume*, n. 4, p. 4, disponível em:<http://www.cocen.rei.unicamp.br>.

Essa abertura para a ressignificação, ou para a possibilidade de refazer os nexos biográficos, já se apresentava na estrutura inicial, como aponta o jornalista Leandro Câmara:

> O material bruto da vida real é transmutado num texto dramático, a personalidade é vertida na personagem. A escolha de imagens, de registros, de lembranças, de músicas, de textos, é toda ordenada de uma maneira criativa, inventiva, é ficcionalizada. O que se revela no palco é o processo de construção de subjetividades. Construção, no caso, é a palavra perfeita. A subjetividade que vai brotando não é uma essência prévia, que podia ser conhecida através de uma narrativa, mas é a narrativa mesma que vai construindo esta subjetividade.[7]

Costumávamos dizer que o documentário era "cênico", pois que, pela nossa presença e a do público – novas vozes, novos depoimentos – ele poderia ser reatualizado a cada apresentação, o que de fato aconteceu. Muito pelo público que, realmente, contribuía diretamente com a dramaturgia a cada dia, mas, mais ainda, pela presença em cena de duas pessoas que, ao longo de quase três anos em cartaz, se viram performando suas biografias. A cena não só carregava os ecos das transformações que a relação sofreu durante esses anos, mas possibilitava olhar de fora a *ficção de nós mesmos* que foi construída no momento da formulação do espetáculo. O trabalho autobiográfico revelava assim seu potencial enquanto possibilidade de vivenciar uma alteridade radical na experiência de *ser um outro* e, mesmo, *já não ser mais* aquilo que se era.

O Documentário Cênico: Manipulação de Arquivos Como Estratégia de Construção Dramatúrgica

O espetáculo se organizava em torno de uma narrativa de processo na qual um ex-casal contava a experiência de ter feito uma trajetória criativa a partir de uma ruptura. Vídeos, músicas, textos filosóficos e literários, os materiais surgidos nas festas, como depoimentos e presentes, e o próprio testemunho em cena amarrando o material. O público, portanto, era convidado, não

---

[7] L. Câmara, Festa de Separação, *Ensaios Ababelados*, disponível em: <http://www.ensaiosababelados.com.br/festa-de-separacao/>.

a participar de uma festa de separação, como tinha ocorrido ao longo do processo, mas sim, a participar de um documentário realizado "ao vivo": um ex-casal mostrava o que tinha sido a experiência de realizar as festas de separação e "editava" em cena o material proveniente das festas e da vida, articulando-o com diversas referências. Na peça, por exemplo, uma pequena dramaturgia foi estabelecida ao redor de um bilhete deixado por mim enquanto ainda estávamos casados: "Repara na beleza que o tempo tem, avança vai e revém. E quando a gente acha que já foi o tempo, eis que o tempo se torna tempo outra vez. Viva o tempo que amadurece a gente. Viva o tempo que te trouxe de volta."[8]

No espetáculo, após a projeção desse bilhete em formato de *post-it*, Felipe tocava uma canção em que essas mesmas palavras apareciam, agora musicadas. A história da composição dessa música era trazida ao público para inaugurar a parte da peça que tratava dos "mitos fundadores". A canção se tornava, então, uma espécie de mito fundador dessa história, ou seja, uma espécie de *origem* que poderia ser sempre revisitada afim de distinguir *aquele* amor dentre todos os demais. O público era então convidado a re-atualizar o documentário contribuindo ele próprio com seus "mitos fundadores". Numa dessas ocasiões surgiu, por exemplo, a "história da cartomante" que foi retomada em espetáculos posteriores (assim como as festas, cada apresentação tinha o potencial de gerar material para o espetáculo seguinte). Reproduzo as palavras de uma pessoa da plateia que contou a sua história: "Eu estava num momento meio difícil da vida e resolvi ir a uma cartomante. A cartomante disse: amanhã, até o meio dia, você vai conhecer o amor da sua vida. No dia seguinte, eu fui na padaria e conheci um homem com quem eu fiquei 25 anos casada, até o mês passado, quando ele faleceu."

Depoimentos como esse não só traziam novos materiais, causos, histórias, às vezes engraçadas, às vezes tristes, mas também selavam uma espécie de comunhão entre as pessoas da plateia que podiam então se projetar nas histórias dos outros, rir, se comover, experimentar o frescor que podia ser devolvido a uma estrutura teatral quando alguém se dispunha a atualizar,

---

8   J. Leite, F. Teixeira Pinto, op. cit.

ali, diante de todos, como no caso citado, a morte recente de um amor que durara, praticamente, uma vida inteira.

Seguindo o eixo dramatúrgico proposto, o que acontecia em seguida é que a ideia de "mito fundador" era problematizada pela articulação com outros materiais. Primeiramente, pelo mito platônico da origem do amor, que em cena visto de dois ângulos: pela leitura de um trecho do *Banquete*, de Platão, e por uma animação audiovisual retirada do filme *Hedwig: Rock, Amor e Traição, do diretor John Cameron Mitchel* (2001). *E, em seguida, com trechos de* uma palestra do professor Júlio Groppa Aquino, como o que se segue:

Todos queremos, todos parecemos querer, pelo menos a classe média, a classe média para cima, e talvez não só, mas todos parecemos querer amores hollywoodianos. Nós não queremos amores simples, nós não queremos amores Atlântida, amores Vera Cruz. Nós exigimos amores hollywoodianos, intensíssimos, que nos arrebatem indiscriminadamente. Eu chego a entender isso como uma espécie de regime de verdade e que aponta para uma espécie de estatização do privado. Na medida em que a gente, em que todos nós passamos a querer a mesma coisa, nada de singular há nisso, não é? Então, isso remete a uma ideia pouco elegante mas que me parece correta: que nós estamos vivendo subjetividades de manada.[9]

O fio perseguido pela dramaturgia caminhava então na direção a um questionamento da idealização do sentimento amoroso e da reprodução de um ideal romântico. Esse caminho era realizado a partir do que Câmara chamou de "obsessão com o princípio". Afirma o autor: "Este início ideal é o ponto de equilíbrio de toda a narrativa que construímos em torno do amor. Não faltam imagens que alimentam esse modelo. A constante rememoração da idílica origem é uma maneira excelente de anular o risco da experimentação, da constante reinvenção de uma narrativa amorosa."[10]

Mas essa tentativa de "universalização" da questão não se dava sem passar pelo elo privado que seguia como eixo da estrutura narrativa. A música anunciada como mito fundador

---

9 Palestra proferida na sede do Grupo XIX de Teatro no ano de 2008 e registrada em vídeo.
10 L. Câmara, op. cit.

do ex-casal em cena – "ideal", portanto cheia de promessas – é então retomada no momento de constatar o fracasso dessa história específica por meio de pequenos documentos como o trecho da carta que se segue:

Tô ouvindo "Repara"! Você repara? Reparou no que a gente fez com agente? Um amor bonito, antigo, surgido no início dos 20, doído no início dos 30. Dos meus 30. Sejam quais forem os motivos, e o pior que nenhum deles é a falta de amor, a felicidade não tem se feito presente em nós. Não porque não a desejamos, mas porque não a conseguimos. Por quê? 07/06/2008.[11]

Era nesse trânsito do íntimo trazido à tona por documentos de uma história particular, como cartas, trechos de diários, ou uma gravação numa secretária eletrônica, para materiais que tematizavam o amor de forma mais ampla, como trechos de filosofia e literatura, que a dramaturgia encontrava seu ponto de tensão. Podemos dizer, talvez, que o articulador principal nessa passagem do público para o privado era o próprio espectador que ocupava ali duas funções: podia mergulhar nas suas próprias experiências íntimas– e trazê-las à tona, se quisesse, por meio da interação proposta –, ao mesmo tempo que, ao ser colocado dentro de uma situação teatral na qual o princípio de uma enunciação construída estava colocado desde o começo, ele era o interlocutor para uma discussão que se propunha como pública. Nessa tentativa, parece ressoar a ideia de Carreira, segundo a qual "a perda de lugares políticos de referência deu impulso a um teatro no qual prepondera a necessidade de autoexpressão como forma política". Ainda segundo o autor, isso teria como consequência "uma radical aproximação do público com o privado, pois o político se materializou, em grande medida, na experiência pessoal, no registro corporal"[12].

Nesse sentido, a própria ideia-mote do espetáculo, de uma *Festa de Separação*, costurava a aparente fissura entre o campo privado e o público, já que projetava mutuamente os campos da experiência privada, e o da ritualização pública, operando

---

11 J. Leite, F. Teixeira Pinto, op. cit.
12 A. Carreira, A Intimidade e a Busca de Encontros Reais no Teatro, *Revista Brasileira de Estudos da Presença*, v.1, n. 2, p. 331-345, disponível em:<http://www.seer.ufrgs.br/presenca>.

inclusive nas nossas expectativas convencionadas em torno da ideia de amor e separação:

A festa é o campo privilegiado do singular, daquilo que escapa da ordem, o campo da experiência mesma. A festa é aquela experiência que pode reintroduzir na narrativa o sentido do arriscar-se, criando uma abertura que permite a construção de novas narrativas, de novas subjetividades. Esta festa, despida de qualquer tristeza, celebra aquilo tudo que foi experimentado, aquilo tudo que ainda pode ser experimentado. Não deixa de ser, assim, uma celebração do amor.[13]

"Tecnologias do Eu" e Atualização da Presença

Oscar Cornago retoma Foucault ao falar das "tecnologias do eu" e pensá-las no contexto das produções de caráter confessional[14]. Essa tecnologia remete às formas que o "eu" vem encontrando para produzir e veicular uma imagem de si. Podemos pensar no bombardeio "selfie" da contemporaneidade em que, através de câmeras fotográficas e de vídeo, cada um explora ao limite essa produção pessoal de arquivos e performances pessoais que serão quase que imediatamente compartilhadas nas redes sociais. Cornago pontua que tal estratégia não poderia ser ignorada pelas produções artísticas que buscam construir a sensação de autenticidade. Vídeos e fotos funcionam como documentos, mais ainda, como provas da autenticidade da experiência. Evidentemente, tal sensação pode ser recriada por um efeito (como quando em filmes de ficção se emprega o uso de câmeras de segurança ou de celulares para criar essa sensação de real), mas o autor vai mais longe, ao dizer que *sempre se trata de um efeito* já que este faz parte das "estratégias de representação" que configuraram um certo território de linguagem, que explora o plano pessoal e o confessional. *Festa de Separação: Um Documentário Cênico* parece exemplar nesse sentido, já que grande parte de sua estratégia cênica reside na articulação de elementos que confirmam a cada vez esse pacto de autenticidade, desde a própria apresentação dos *performers*, sem figurino, sem personagem, falando em primeira

---

13 L. Câmara, op. cit.
14 O. Cornago, Atuar de Verdade, *Urdimento*, n. 13.

pessoa, diretamente com a plateia, convidando-os a conhecerem uma história real de um ex-casal que decide promover verdadeiras festas de separação como processo criativo. O desenrolar de toda a experiência se baseia então na confirmação desse pressuposto, através de documentos que, por um lado, comprovam a veracidade do pacto, e por outro trazem elementos temáticos para a discussão que o espetáculo propõe. O uso do vídeo é o mais explorado, trazendo na tela dois tempos da experiência: as imagens de arquivo do tempo em que ainda estavam casados, que surge através de registros caseiros do cotidiano, de viagens etc.; e as imagens das festas de separação que já apresentam uma dupla camada, já que, ainda que fossem festas reais promovidas por um ex-casal real, já faziam parte do processo criativo e portanto já estavam direcionadas para a produção de materiais de um possível espetáculo. Esse segundo grupo de imagens poderia quebrar a sensação de autenticidade do material, já que abertamente as festas se mostravam parte do processo, mas a presença do ex-casal e de pessoas que se relacionaram realmente com eles conferia ao caráter performativo das festas um caráter também ritual, percebido como autêntico pelos espectadores.

Assistir no telão as imagens de intimidade, de um tempo passado e feliz, os depoimentos emocionados dos familiares e amigos nas festas de separação, promovidas e documentadas pelo casal, reitera o lugar da falta/da dor. A imagem é documento do que a palavra-testemunho não consegue representar, a imagem é dialógica, une os discursos e o espaço cindido da representação.[15]

O papel da imagem identificado por Lírio pode justificar o uso recorrente desse recurso em trabalhos ditos documentais ou que tentam expor uma relação direta com um referencial que se encontra fora do espaço da representação. A imagem é testemunha, ela pode re-apresentar – ainda que saibamos que ela é sempre um recorte, que é manipulável –, pode ampliar o espaço simbólico da cena para outros espaços, e também para um outro tempo. Importa tanto o que se diz nesses *relatos* que ficam registrados pela câmera, quanto o que o *corpo* diz. Já que essa busca testemunhal não é só verbal, mas também se refere

15 G. Lírio, op. cit., p. 4.

ao corpo, aos gestos, às expressões, aos silêncios, aos atos falhos, essa espécie de manifestação genuína da vida. Algo da comoção que essas experiências provocam está nesse encontro de corpos modificados pela vida, atravessados por ela e, num mesmo momento, flagrados ou defrontados com a câmera, gerando pequenas adaptações, correções, exageros. A câmera faz aí as vezes do próprio público que se coloca diante de alguém que se apresenta como o sujeito da experiência, e que veio a público partilhá-la. Destituído de personagem, em seu próprio nome, alguém diz contar sua *história real*. Assume – ainda que problematizemos os limites disso – que não está representando. Mas apenas re-apresentando a sua história em uma narrativa que, nem por ser narrativa, deixa de ser real ou de pretender a esse real. O corpo, a fala, se expõem então como corpo e fala autênticos que, ainda que dentro de uma situação de enunciação, não se aproximam de uma personagem (ou teríamos que concordar que em todos *os atos de fala* que assumimos cotidianamente e que alteram a nossa postura ao falar, estaríamos *representando*). A ideia de *auto mise-en-scene* advinda da antropologia, mas fortemente pensada pelo cinema documentário, não ignora, evidentemente, que exista um nível de encenação em todas as situações nas quais interferimos. Jean-Louis Comolli, documentarista e crítico, coloca que a *auto mis enscene* vem de um fator inconsciente, ligado à nossa apreensão simbólica do mundo, da cultura, do nosso meio social, familiar, que imprime em nosso comportamento, gestos, uma certa *cena*, que ele chama de *habitus*, e é também algo que acontece para *o outro*. Trata-se de uma adaptação (feita de fatores conscientes e inconscientes) que fazemos quando estamos *sob o olhar do outro*[16].

Muitos dos trabalhos do chamado teatro documentário operam com a ideia da colocação de um objeto autêntico sob o olhar do público. Tal como os *ready-mades* nas artes plásticas, observa-se o comportamento desses corpos reais dentro de uma obra, diante do espectador. Evidentemente, as expectativas em relação a esse encontro não são as mesmas que numa experiência fabular, ficcional. A respeito do trabalho de Rimini Protokoll, célebre por suas obras realizadas com

---

16 J.-L. Comolli, *Ver e Poder*.

experts (como eles preferem chamar os "não atores"), Florian Malzacher coloca:

Com os especialistas, Rimini Protokoll torna obsoletos os critérios clássicos de representação teatral. A técnica, o talento, a originalidade, a profundidade, a imaginação não são mais critérios. A presença, o brilho se sobressaem? Noções delicadas, de todo modo, e que também não podem definir as qualidades dos *performers* de Rimini. Mesmo as experiências vividas de cada um, as histórias que eles relatam, não têm necessariamente um papel importante. É frequentemente um saber pouco espetacular, seja biográfico ou profissional, experiências concretas, funções sociais, ou uma atitude particular em face de si próprio o que os torna interessantes para o projeto.[17]

Retomando nosso objeto de análise, é impossível não perceber que o que singularizava nossas presenças em cena no espetáculo *Festa de Separação* nada tinha a ver com o interesse depositado comumente numa personagem ficcional. Ainda que eu seja atriz, a minha "performance" ali não se baseava na minha competência enquanto tal. Posso dizer que, talvez, isso até atrapalhasse, já que a competência de atriz poderia me conferir um certo conforto em cena que é menos empático do que a precariedade da presença de um não ator que parece não dominar completamente aquela situação. O que equilibrava nossas presenças era, sem dúvida, o dado concreto da nossa experiência amorosa, vivida portanto pelos dois, seja por mim, atriz, seja por ele, não ator. A *experiência* é o que nos autorizava *a falar*. "A aura que rodeia a testemunha não se apoia em sua capacidade de contar o que viu, sofreu ou experimentou, mas sim na própria presença de um corpo que viu isso, sofreu ou experimentou."[18]

Nesse sentido, podemos distinguir os trabalhos que têm o real como tema, e aqueles que têm o real como experiência. Falar do real parece proporcionar uma experiência diversa daquelas que colocam o real em cena – e aqui, evidentemente, estamos avançando a discussão do ponto em que se trata sempre, no caso do teatro, de pessoas reais, diante de outras pessoas reais, num local e tempo reais. A argentina Vivi Tellas sublinha em

---

17 F. Malzacher, Dramaturgies de la sollicitude et de la déstabilisation (I), *Rimini Protokoll*.
18 O. Cornago, op. cit, p. 101.

seu trabalho a importância de se tratar de pessoas trazendo a sua própria experiência real para a cena. Este é um traço que distinguiria o teatro documental de um teatro "baseado em fatos reais", mas feito dentro de um registro de representação por atores que não são os reais sujeitos da experiência. Cornago faz coro com Tellas ao falar, por exemplo, que, do ponto de vista da capacidade de afetar, o testemunho real de uma pessoa que viveu a tragédia de um campo de concentração é muito mais eloquente do que o discurso de um historiador.

O que importa não é a palavra da testemunha, mas sim a presença desse corpo que esteve ali e agora está aqui, uma "ponte" entre o que foi e o que é, o mito de uma recuperação "real" do passado em tempo presente, a garantia física de uma verdade para cuja construção contribuíram de forma decisiva os meios de comunicação (dessa verdade).[19]

Essa distinção parece contribuir para sair de impasses como o "é sempre sobre o real" que se fala mesmo que seja numa ficção declarada ou a reconstituição ficcional de um fato histórico. Entendemos facilmente que um filme como *A Lista de Shindler* ou *A Vida é Bela* não são documentários, apesar de tratarem diretamente de um fato real. Quando José Antônio Sanchez em seu *Prácticas de lo Real en la Escena Contemporánea* (2007) distingue o falar sobre o real enquanto tematização e do real enquanto *acontecimento* na cena, o autor aponta claramente para esses trabalhos que vêm experimentando formas de fazer com que o real irrompa na cena, seja pela presença de corpos-testemunhas, seja pela performatividade de uma cena aberta ao acaso, ao risco, ao erro, às possíveis turbulências da representação colocada em risco em espaços não convencionais ou no encontro com o público convidado a interferir na representação.

---

19 Ibidem, p. 102.

FESTA DE SEPARAÇÃO:
UM DOCUMENTÁRIO CÊNICO

(2009), de Janaina Leite e Felipe Teixeira Pinto. Em cena, Janaina Leite e Felipe Teixeira Pinto. Fotos: Luiz Fernando Marques, Marília Vasconcellos, Jay Yamashita (fotograma do making off da peça, dirigido por Evaldo Mocarzel) e Fabiano Pierri (imagens projetadas no espetáculo).

CONVERSAS COM MEU PAI

(2015), de Alexandre Dal Farra e Janaina Leite. Imagens documentais do processo e Janaina Leite em cenas no cenário-instalação. Fotos: Bruno Jorge (imagens documentais do processo, 2010), Milton Dória (Festival Internacional de Londrina, 2015), Vitor Vieira (Centro Cultural São Paulo, 2015), Rodrigo Pereira (no cenário, 2014) e Vitor Vieira (2015).

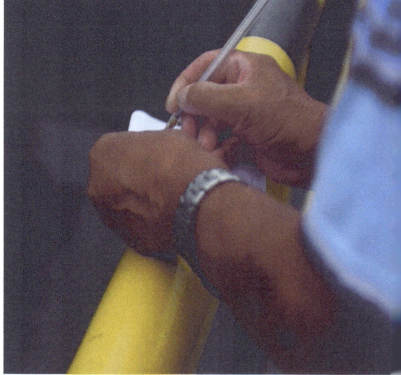

CONVERSAS COM MEU PAI

> Quando eu era muito jovem, tinha necessidade de teorias, citações, para justificar, legitimar e, hoje em dia, há um espaço muito maior para o mistério. Deixar que as obsessões sigam seu curso.
>
> ANGÉLICA LIDDELL

Em 2008 dei início ao processo de criação de *Conversas Com Meu Pai* sem saber, naquele momento, que se tratava de um verdadeiro *work in process* que tomaria quase sete anos de trabalho ininterruptos até a estreia de um solo teatral em abril de 2014[20], e, mais ainda, não sei quanto tempo até seu término definitivo, já que outras obras – literatura e documentário cinematográfico[21] – ainda seguem *em processo*.

O disparador dessa espécie de jornada foram os fragmentos de conversas – pequenos bilhetes, guardanapos com frases, palavras – que passei a recolher depois que meu pai sofreu uma traqueostomia e passou a se comunicar unicamente por escrito. Numa velha caixa de sapatos, recolhi durante anos tais vestígios de nossas conversas, acreditando que seu caráter fragmentário, alusivo, poderia ser o mote para uma criação autobiográfica em que, através desses *traços*, eu poderia recompor a história de uma relação conturbada entre pai e filha. No meio do processo, o tema da "comunicação silenciosa" que já vinha se esboçando, ganhou novos contornos quando descobri que sofria de uma doença degenerativa e estava ficando surda. O silêncio se impôs, definitivamente, como um horizonte incontornável para o material, antes mesmo que seus temas mais delicados viessem à tona.

Por algum tempo, ficamos às voltas com essa espécie de argumento – o reencontro entre pai e filha num momento em que a comunicação já não podia se dar. No entanto, essa narrativa figura muito brevemente no espetáculo que veio a público

20 O espetáculo estreou em 29 abr. 2014 na Oficina Cultural Oswald de Andrade na cidade de São Paulo com concepção, direção e interpretação de Janaina Leite e direção e texto de Alexandre Dal Farra. Mais informações no blog, disponível em:<http://conversasprocesso.blogspot.com.br/>. O espetáculo pode ainda ser assitido na íntegra através do link <http://vimeo.com/99667295>.
21 A pesquisa foi contemplada pelo Edital PROAC criação literária em 2012 e pelo Edital de Fomento ao Desenvolvimento de Projeto Audiovisual da Secretaria Municipal de Cultura de São Paulo em 2014.

em 2014. Essa era *uma* maneira de contar a história desse processo, e ela excluía *as outras versões* que surgiram ao longo desses sete anos. Todos os esboços registrados em mais de 500 páginas de escritos – roteiros, peças, argumentos, ideias de cenas, maquetes para cenários – apontavam para versões que foram sendo, uma a uma, abortadas. A grande descoberta ao cabo do percurso e que possibilitou, finalmente, a formalização que veio a público, foi: não é que as versões não serviam e por isso seriam descartadas, mas, o contrário, *todas elas* serviam igualmente. Foi preciso entender que o processo não só era o tema principal, mas era a própria estrutura do trabalho.

A Cena Como Work in Process

Como define Cohen, a expressão *work in process* carrega tanto a noção de trabalho como de processo:

Como trabalho, tanto no termo original quanto na tradução acumulam-se dois momentos: um, de obra acabada, como resultado, produto; e, outro, do percurso, processo, obra em feitura. Como processo implica iteratividade, permeação; risco, este último próprio de o processo não se fechar enquanto produto final. Estabelece-se, portanto, uma linguagem que se concretiza enquanto percurso/processo e, enquanto produto, obra gestada nesta trajetória.[22]

Cecília Salles discute amplamente a noção de processo em seu *Gesto Inacabado* e expande a herança da crítica genética, aplicando-a às singularidades dos processos em arte contemporânea. Salles, passando pelo cinema, literatura, artes plásticas e teatro, aponta para o caráter autorreflexivo de muitas dessas obras que, ao se debruçarem sobre seu próprio processo, borram os limites entre o que seria uma etapa criativa/processual e a obra acabada[23].

A noção de *work in process* comporta ainda uma ênfase sobre o desenrolar do processo no tempo. O processo passa então a *produzir memória* sobre si mesmo.

Salles e Cohen, em suas abordagens sobre trabalhos que guardam essa relação indissociável do processo e seu produto,

---

22 R. Cohen, *Work in Progress na Cena Contemporânea*, p. 20-21.
23 C.A. Salles, *Gesto Inacabado*.

ao abordarem a questão do tempo, trazem também a de "acaso". Para Salles, discutir a intervenção do acaso no ato criador vai além dos limites da "ingênua constatação da entrada, de forma inesperada, de um elemento externo ao processo". E continua "o artista, envolvido no clima da produção de uma obra, passa a acreditar que o mundo está voltado para a sua necessidade naquele momento; assim, o olhar do artista transforma tudo para o seu interesse, seja uma frase entrecortada, um artigo de jornal, uma cor ou um fragmento de um pensamento filosófico"[24].

Cohen vai usar ainda a expressão "vicissitudes do percurso"[25] para atrelar à noção de acaso a particularidade de processos que tensionam os limites entre arte e vida.

Tais características, colocam então o problema do "processo" como um fator fundamental das obras ditas documentais e/ou autobiográficas já que estas situam seu objeto principal no controverso território do *real*. São obras que propõem uma relação com um referente exterior à linguagem. Ou seja, colocam-se no mundo, sujeitas aos encontros, à passagem do tempo, às mudanças de percurso.

Narrativas Enviesadas e Des-Identidade

A dramaturgia de *Conversas Com Meu Pai* propõe uma relação que se inicia confessional e ao longo da peça vai ganhando camadas simbólicas. Transita entre materiais diversos: memórias, reflexões metalinguísticas, depoimentos em áudio, documentos em vídeo, sonhos, mitos como o de Édipo e a passagem bíblica que conta a história de Ló e suas filhas. Dividida em dois espaços distintos a encenação se organiza numa primeira disposição em que um único círculo de cadeiras é compartilhado pela atriz e o público e, depois, num segundo espaço, onde o público é disposto frontalmente em relação a uma espécie de cenário-instalação. Esse segundo espaço é composto por dezenas de plantas vivas, uma vitrola, uma piscina de plástico cheia d'água, uma churrasqueira, um antigo quadro desproporcionalmente

---

24 Ibidem, p. 42.
25 Ibidem, p. 18.

grande com a foto do pai, gaiolas quebradas, figurinos, uma TV velha, maquetes: o espaço cênico se configura como um *depósito* onde se acumulam resíduos do processo e se sobrepõem ensaios formais para cada uma das três versões que estruturam a narrativa. Ao fundo, são projetados quase ininterruptamente, e de forma aleatória, trechos do material em vídeo captados por anos pelo cineasta Bruno Jorge e por mim. Quase vinte minutos de imagens documentais são projetadas nesse cenário-instalação ao mesmo tempo que a intérprete em cena fala desenfreadamente, explicitando o processo de criação. Texto e vídeos se relacionam sem que no entanto se crie uma narrativa através deles. Ou, se criam, o fazem de maneira *enviesada*.

O conceito de *narrativa enviesada* empregado para se pensar a forma de narrar na arte contemporânea ecoa na experiência de *Conversas Com Meu Pai* e abre um campo para se pensar a autoescrita fora da teleologia que fixou o modelo de representação biográfica da modernidade: "As narrativas enviesadas contemporâneas também contam histórias, mas de modo não linear. No lugar do começo-meio-fim tradicional, elas se compõem a partir de tempos fragmentados, sobreposições, repetições, deslocamentos. Elas narram, porém não necessariamente resolvem as próprias tramas."[26]

Jean-Claude Bernardet ao falar de uma "estética do esboço" no cinema, no teatro e nas artes plásticas, também aponta para esse narrar enviesado em que os elementos não se deixam fixar numa narrativa homogênea, coesa e unívoca. Ele diz que essa é uma forma de impedir que a linguagem seja instrumentalizada, colocada a serviço de outra coisa, tal como um enredo ou uma exposição sobre este ou aquele assunto. "O fato de que o discurso não se fecha deixa a linguagem constantemente presente, porque constantemente ela tem que ser observada, interrogada, trabalhada."[27]

É dentro dessa perspectiva para o narrar que se desenrola o trânsito entre os materiais em *Conversas Com Meu Pai*. Não se trata de um narrar positivado que tenta fechar os nexos e propôr uma experiência de identificação como aquela proporcionada pelas narrativas de aprendizagem da *Bildung*. Em vez

---

26 K. Canton, *Narrativas Enviesadas*, p. 15.
27 J.-C. Bernardet, O Processo Como Obra, *Folha de S. Paulo*, 13 jul. 2003.

de trabalhar para a construção de uma identidade no sentido de *idem* (mesmo), a ideia de narrativa enviesada contribui para o que Ricoeur chama de *ipseidade* (si-mesmo).

A identidade, que se constrói sob o signo da permanência no passar do tempo, é caracterizada pela unicidade, pela semelhança e pela continuidade. O que assegura essa *mesmidade* é o que na filosofia clássica entendemos por "essência" e se aplica não só a pessoas, mas também a coisas. Já a ipseidade só pode ser buscada na pergunta *quem?*, obrigando que se *assuma* a identidade narrativa. Ipseidade e temporalidade tornam-se assim correlatas já que o ipse é um ser temporal, é aquele que não pode permanecer o mesmo e que explicita sua dessubstancialidade pelo gesto assumido de dizer "eu".

A psicanálise que também dessubstancializou o sujeito fala de *des-identidade*. Para Lacan, o sujeito só é sujeito quando é capaz de experimentar, em si mesmo, algo que o ultrapassa, algo que o faz nunca ser totalmente idêntico a si mesmo[28].

Ana Goldenstein, em artigo sobre o espetáculo *Conversas Com Meu Pai*, sublinha o caráter autobiográfico do trabalho naquilo que ele contribui para não criar uma "imagem fechada de si": "A imagem da pessoa nessa cena não é a de uma personalidade estéril; a pessoa aqui também não apresenta um narcisismo superficial reduzido à sua ação plástica, comum a muitas performances atuais. Pelo contrário: ela transforma-se em persona performática. Há qualquer coisa de investimento no encontro com outros, com o outro."[29]

Se o testemunhar por si só, o colocar-se em palavras, já é um movimento de estranhamento que torna o si-mesmo um *outro* – esse outro como objeto do discurso, contido na fala e ao mesmo tempo, transbordando-a pela emergência do corpo –, o teatro, arte da presença, potencializa esse espaço entre o visível e o invisível, o latente e o manifesto, ou como diz Cornago, "entre o corpo e a palavra se abre um espaço convertido em espaço de criação artística, de buscas e questionamentos de certezas."[30]

---

28 J. Lacan apud V. Safatle, *Lacan/VladimirSafatle*, p. 79.
29 A.G. Carvalhaes, Teatro em Processo, Processo Auto-Biográfico, *Sala Preta*, v. 14, n. 2, p. 4.
30 O. Cornago, op. cit, p. 110.

Ficção ou Mentira?

A representação autobiográfica, nada mais é, ao fim e ao cabo, a tentativa de *figurar* a experiência vivida, sentida, sofrida. E, com toda a margem ampla de criação, invenção, deturpação[31] contida nesse gesto, podemos entender que nas experiências criativas de nossa autoria, a ideia de autobiografia se justificou porque, do ponto de vista ético, a representação manteve sempre a tensão com o referencial *real* que a motivou.

Falamos em ética em face a certa tendência pós-moderna de igualar verdade e mentira enredando ambas num tecido indiscernível em que "tudo é ficção": "Essa ficcionalização de tudo produz um permanente sentimento de intranquilidade na sociedade, e um grau de incerteza que vela nossa capacidade de reconhecimento da realidade"[32], aponta Ana Bulhões-Carvalho e André Carreira. Os autores dizem ainda que esse fator está na base de uma espécie de desconfiança generalizada, já que nos sentimos incapazes de discernir o real e o ficcional: "Preservar a distância entre a ficção e o real, identificando quem conta e quem ouve, é condição do livre pensar. Quando o sujeito não pode reconhecer o plano ficcional, vê reduzidas as suas possibilidades políticas frente às narrativas, e se torna passivo na troca simbólica."[33]

O pesquisador e documentarista Evaldo Mocarzel, trazendo a discussão para o âmbito das produções teatrais contemporâneas (que ele passou a acompanhar intensamente nos últimos anos) é enfático em sua crítica:

A construção de estados de liminaridade, forte característica dos documentários cênicos, por vezes descamba para maneirismos que, em alguns casos, estão mais para uma inócua armadilha teatral que, além de nada documentar, nada aprofundar, ganham contornos de "pegadinhas cênicas" que enveredam por uma falsa e constrangedora atmosfera "lúdica", pontuada por insistentes jogos de verdades e mentiras.

---

31 Sobre o assunto cabe a colocação de P. Lejeune, *Le Pacte autobiographique*, p. 39: "Mesmo que em sua relação com a história (distante ou contemporânea), o narrador se engane, minta, esqueça ou deforme; erro, mentira, esquecimento ou deformação tomarão simplesmente – se chegamos a distingui-los – valor de aspecto, entre outros, de uma enunciação que permanece autêntica."
32 M. Augé apud A.M de Bulhões-Carvalho; A. Carreira, Entre Mostrar e Vivenciar: Cenas do Teatro do Real, *Sala Preta*, v. 13, p. 41-42.
33 A.M de Bulhões-Carvalho; A. Carreira, op. cit, p. 42.

Verdadeiro ou falso? Documentário ou ficção? Uma espécie de modismo afetado que é filho bastardo dessa sofreguidão contemporânea pelo "real", engendrado de forma rasa e não deflagrado pelo *páthos* e pela verdade documental de uma vivência profunda. Em alguns casos extremos chegam a encenar ficções inofensivas e até mesmo risíveis com aparência de falsos documentários.[34]

A ideia de uma "ética" abordada em capítulos anteriores ao trazermos a voz de outros documentaristas parece ressoar aqui novamente, não por qualquer pressuposto de gênero que definiria *a priori* a relação que *deve* acontecer entre a obra e seu público, mas sim por meio de algo que só pode ser identificado nos enunciados que cada obra em particular produz, e da maneira pela qual esses enunciados se estendem no campo de recepção do público. Numa época que apresenta essa "sofreguidão pelo real", as obras que se apoiam justamente nessa relação, têm mais fortemente a tarefa de se debruçar criticamente sobre esses enunciados, seus fundamentos e o tipo de experiência estética que eles estão produzindo.

Pacto Autobiográfico e Formas de Vínculo

Uma palavra pode fechar seu círculo entre significado e significante, mas uma frase já se projeta para fora de si mesma e projeta o mundo sobre o qual ela faz asserções. É natural que o público, seja numa obra ficcional ou numa obra documental, estenda os enunciados da obra para o mundo que o cerca e estabeleça relações. Ele o fará de maneira metafórica ou veritativa, a depender do pacto proposto pela obra.

Caminhamos então no sentido de, ao invés de tentar dizer *o que é* uma obra autobiográfica, deixar que a obra diga o que ela é, e pensar então que efeitos esse dizer produz no espectador, e que tipo de engajamento um exige em face do outro.

Retomando a experiência de *Conversas Com Meu Pai*, o espetáculo que veio a público assumiu um pacto aparentemente contraditório, mas que, acreditamos, se oferece mais claramente à compreensão depois do percurso que realizamos até aqui. Na

---

34 E. Mocarzel, Auto-Mise-en-Scène: Ficção e Documentário na Cena Contemporânea, *Sala Preta*, v. 14, p.176.

primeira cena do espetáculo, num círculo de cadeiras, a plateia era convidada a sentar-se junto à atriz que se encontrava vestida de preto, encharcada, com uma caixa de sapatos sobre o colo. Numa espécie de reunião íntima, em tom confessional, ela anuncia a existência de um segredo:

Bom. Vocês estão aqui para... Eu preciso dividir com vocês... É um tipo de segredo. Acho que é um segredo, que eu tenho... Eu precisaria contar agora. Mas eu não sei direito. Porque também tem isso... Eu fiquei querendo contar o segredo, e... É, isso também foi parte da coisa. E foi um tipo de processo de cura. Querer contar o segredo, dividir com os outros.[35]

E continua:

Mas só que as coisas ao invés de ficarem mais simples foram ficando mais complicadas, e no meio desse processo, que era um tipo de cura, de repente eu descobri que o segredo talvez nem existisse. Então, eu não sei direito se isso que eu tinha para contar para vocês realmente aconteceu, e aí, fica tudo um pouco mais complicado, porque... Eu não ia querer sair por aí contando um negócio que nem aconteceu direito. Se eu imaginei, então aconteceu, eu penso às vezes, mas só que é muito diferente, é totalmente diferente se isso foi imaginado, e aconteceu enquanto imaginação, ou se isso aconteceu realmente, na vida. Mas isso também não é tipo uma história de detetive em que a gente vai e descobre uma coisa lá na frente. E também não é para vocês terem qualquer tipo de dúvida em relação à veracidade das coisas que eu estou dizendo. Tudo o que estou dizendo, esse texto aqui, foi inteiramente decorado, ensaiado, e é integralmente verdadeiro, parte da minha vida real.[36]

Lejeune diz que a particularidade de uma autobiografia é que ela atesta mais do que outros gêneros seu contrato de leitura. É isso que ele vai chamar, como vimos, de pacto autobiográfico. Tal pacto pode ser claramente percebido no trecho acima, de *Conversas Com Meu Pai*. A aparente contradição que poderia existir nas afirmações de que "tudo foi inteiramente decorado" e "tudo é integralmente verdadeiro" já pode, ao nosso ver, ser solucionada pelo percurso que fizemos até aqui. Ou seja,

---

[35] A. Ferreira Dal Farra Martins, *Conversas Com Meu Pai*. Íntegra do texto nos Anexos.
[36] Ibidem.

identificar a performatividade de toda autoescritura, sabê-la uma construção linguística, não exclui a atestação de que esse enunciado formal, diferentemente da ficção, não visa o mundo da imaginação, mas o mundo real.

Nos parece pois que o princípio básico que manteria a diferença da imagem do ausente como irreal e a imagem do ausente como anterior[37], é justamente essa espécie de *engajamento* daquele que fala perante àquele que ouve.

Talvez seja a confiança no que Ricoeur chama de "attestation de soi", afirma o autor: "A atestação é fundamentalmente atestação de si. Essa confiança será confiança no poder de dizer, no poder de fazer, no poder de se reconhecer personagem da narrativa, no poder enfim de responder à acusação pelo acusativo: eis-me aqui!"[38]

Esse "eis-me aqui" se afirma claramente em trabalhos como da artista espanhola Angélica Liddell. Quando ela é questionada sobre se fala ou não em seu próprio nome, Liddell responde:

Nas minhas últimas criações, sim. Totalmente, completamente. Tentando, para além disso, ultrapassar a barreira do pudor. O impudor ofereceu-me uma liberdade brutal. O impudor referente à minha própria vida: como uma defecação em cena. Quebrar a barreira do pudor pressupõe um esforço. É como passar a barreira do som. Dediquei-me a isso nas minhas três últimas criações: duas peças pequenas, *Anfaegtelse* e *Te Haré Invencible Con Mi Derrota*, que culminam em *La Casa De La Fuerza*. Trabalho com os meus sentimentos, que pertencem às minhas noites, ao que se passou na minha vida. Acontece-me convocar novamente sentimentos que ultrapassei, porque é com isso que trabalho. Foi esse o meu objetivo nestes dois últimos anos. Tudo isso torna-se objeto de uma construção, mas atenção: construir não significa fingir. Desloco-me numa linha tênue entre a construção e os sentimentos reais.[39]

A dissolução da ideia de sujeito por uma certa crítica pós-estruturalista por vezes descamba numa negação da história ou num maneirismo redutor que faz da descrença diante das verdades absolutas uma afirmação vazia de *qualquer* verdade. A dramaturgia de Dal Farra explicita essa espécie de jogo que

37 P. Ricoeur, *A Memória, a História, o Esquecimento*, p. 250.
38 Idem, *Soi-même comme un autre*, p. 34-35. (Tradução nossa.)
39 A. Liddell, Entrevista, catálogo da apresentação de *La Casa de la Fuerza*, fev. 2011.

se tornou um lugar comum em muitas das obras que tratam do real e da ficção, já que ao mesmo tempo em que indistinguem uma coisa e outra, sobretudo ao entrar no delicado terreno da exposição pessoal, elas manipulam, justamente, a curiosidade voyeurística do público, em relação, de novo, ao local ocupado pela *verdade* em tais obras, ou seja, tal pressuposto aparentemente questionador recai na mesma noção que supostamente pretende criticar, ou seja, a busca pela autenticidade:

Então é a história de um pai e uma filha que retomaram a comunicação quando ele operou a garganta e ela começou a ficar surda e ISSO É TOTALMENTE VERDADEIRO! Só que eu não acredito na sinopse da minha vida e simplesmente não consigo vir aqui e ficar enganando vocês, sonegando umas partes do que tenho a dizer de forma planejada, isso que eu acabei de fazer ali: acabei de dizer, ali mesmo, que eu ia contar uma coisa para vocês, tipo dividir uma coisa, uma espécie de experiência pessoal, e tudo. É como se fosse um segredo que eu tinha para contar, mas depois eu comecei a achar que esse segredo nem existia, e também não sei por que tem essa coisa de ficar dividindo os segredos com as pessoas!!! Não sei por que tem isso agora de vocês sentarem aí e eu ficar aqui contando umas coisas pessoais. Eu mesma não sei se eu quero saber de umas coisas pessoais contadas por algumas pessoas em cena. Mas para não ficar assim, as pessoas às vezes fingem que não são coisas pessoais, e aí o público fica em dúvida se a pessoa que está ali na frente está ou não está contando umas coisas pessoais, e isso resguarda o público de ter que saber que a pessoa está expondo umas coisas da vida pessoal dela. Eu sento na plateia e fico lá vendo a pessoa falar dos seus problemas pessoais e não me sinto tão invadida porque não tenho certeza de que é pessoal, mas eu fico o tempo todo querendo descobrir que parte da peça é pessoal, que parte é ficcional.[40]

Posicionamentos como o de Liddell ou o que tentamos imprimir em *Conversas Com Meu Pai* assumem o risco daquilo que Boileau chamou de ilusão referencial ao dizerem que há a vida, há a experiência, sobre a qual se pode falar. Essa é a "pressuposição ontológica da referência"[41], como diz Ricoeur. E essa pressuposição é estendida ao público ao explicitar nos enunciados das obras sua dimensão documental e/ou biográfica propondo uma forma de vínculo diversa daquela proposta pela ficção.

---

40 A. Dal Farra, op. cit.
41 P. Ricoeur, *Tempo e Narrativa 1*, p. 133.

Memória Como *Sinthoma*

Em *Conversas Com Meu Pai*, o segredo anunciado e a dúvida sobre se, de fato, ele *aconteceu* poderia sugerir algo como uma manipulação ardilosa da curiosidade do público, ou poderia ainda funcionar como um *MacGuffin*[42] na estrutura narrativa, como aponta Jorge Louraço em artigo sobre o espetáculo – ou seja, apenas um dispositivo narrativo que não tem importância em si mas funciona como um "pretexto para a ação". No entanto, ao longo do espetáculo, essa dúvida vai se tornando um complicador real disso que desde o início vimos colocando como uma tensão indissolúvel entre o par experiência e representação que nos leva à aporia da qual nos fala Ricoeur e Seligmann-Silva e que é também base para a teoria da psicanálise de Freud, da qual tratamos brevemente.

A memória, como foi dito, é um importante ponto dessa discussão, já que o gesto autobiográfico recai, seja sobre o vivido, seja sobre uma percepção atual do si mesmo, que no momento da elaboração já é também um trabalho sobre o passado. Ou, como nos propõe Bergson: nos relacionamos sempre com esse *passado roendo o porvir,* sendo o presente o inapreensível

O sujeito que se assume como o depositário de um certo conjunto de experiências o faz por meio do *reconhecimento*. O reconhecimento é o ato mnemônico por excelência e sustenta o seu valor fundamental, operando através das marcas, dos rastros do vivivo.

A certa altura, a dramaturgia segue o encalço dessas marcas e o faz por meio de memórias que apresentam um tênue limite entre lembrar e criar. Trata-se de depoimentos de pessoas que viveram uma mesma situação e que a narram de forma completamente distinta. A voz *off* – num procedimento claro da linguagem documental – traz para a cena as versões das irmãs da narradora ao serem perguntadas sobre a lembrança de um

---

[42] "*MacGuffin*, expressão cunhada por Alfred Hitchcock para nomear o expediente narrativo que motiva a ação da personagem, e que tem grande importância, dentro do enredo, independentemente da importância, normalmente pouca ou nenhuma, que possa ter para os espectadores." Um dos exemplos é a palavra *Rosebud* em *Cidadão Kane* de Orson Welles. J. Louraço, Figuras de Linguagem do Indizível, *Sala Preta*, v. 14, p.183.

gato que teria sido morto a marteladas pelo pai delas. As versões, em absoluto não batem:

> Ela não lembra das mesmas coisas. Eu fiquei perguntando muito das coisas, mas não adiantou, ela não lembrou de jeito nenhum, pode ser que o meu pai nem tenha matado o gato a cacetadas, pode ser que nada disso tenha acontecido. Isso é algo bastante importante para mim e talvez mesmo decisivo para essa história inteira, que as coisas possam NÃO TER ACONTECIDO. Que eu possa simplesmente ter inventado tudo, achando que eu tinha lembrado.[43]

Invenção aqui não é a invenção consciente como numa ficção, mas invenção nos moldes que nos propõe Freud quando falamos, lá no início, do *fantástico mecanismo* da memória de forjar lembranças produzindo espécies de *ficções verdadeiras* já que elas agem em nós como agem as lembranças reais. Essas lembranças são o que outro importante nome da psicanálise, Jacques Lacan, chama de Sinthoma. O sinthoma atua como a recordação encobridora, e substitui um processo que resiste em se apresentar à consciência. "O sinthoma é um texto que se inscreve de modo disfarçado naquilo que não cessa de buscar a sua expressão."[44]

Essas memórias forjadas que emergem como Sinthoma, podem ser tomadas também como *punctuns*, como propõe Hal Foster ou ainda, formas de atos falhos, já que são pequenas brechas para o *Real* – se tomamos o real na pesrpectiva lacaniana.

Real e Indizibilidade

Não à toa, o pensamento lacaniano se debruçou sobre a arte assim como muitos críticos se apoiaram em sua teoria para análises importantes da produção artística contemporânea.

Hal Foster, desenvolve amplamente essa perspectiva e aponta que o conceito de *Real* proposto por Lacan pode ser tomado como base para uma importante mudança de relação com o real percebida nas artes, ou como o próprio Foster coloca: "Essa mudança na concepção – da realidade como um efeito da

---

43 Ibidem.
44 Anotações tomadas pela autora durante o curso de pós-graduação: Vygotsky, Wallon, Lacan: O Processo de Constituição do Sujeito, ministrado pela professora Leny Magalhães, mar.-jun. 2012.

representação para o real como uma coisa do trauma – pode ser definitiva na arte contemporânea e tanto mais na teoria contemporânea, na ficção e no cinema."[45]

Para Lacan, o Real é aquilo que escapa à linguagem. Ele não se confunde com o Simbólico que é o que dá forma às percepções, que torna possível nosso pensar, nosso agir. O Simbólico está ligado às imagens que nós somos capazes de fazer de nós mesmos e do mundo e nos faz figurar a experiência de uma determinada maneira. Ele é ainda uma teia de representações forjada no mundo, na cultura, no plano das relações sociais, que nos permite dar forma ou representar o vivido, o ser. Mas nem tudo é realização plena nessa simbolização, nessa passagem do sujeito pela linguagem. Há algo que escapa a esse processo, que escapa à linguagem, e que por vezes irrompe, perfurando essa trama, para o qual não temos um falar estruturado. Isso exige de nós um salto de simbolização ou um salto de *criação*. Este é o Real. O Real, portanto, não se confunde, em Lacan, com o campo das experiências concretas e imediatamente percebidas e descritas pela consciência. O Real se refere a um campo de experiências subjetivas que não conseguem ser adequadamente simbolizadas – essa é também a definição para o fenômeno dos atos falhos, dos lapsos e também dos sonhos, segundo Freud. Por esta razão o Real é descrito sempre de maneira *negativa*.

Na arte contemporânea, e no teatro, particularmente em relação à ideia de Teatros do Real, discute-se a diferença entre obras que buscam representar o real e obras que tentam criar possibilidades para que o real irrompa. Esse segundo caminho parece consoante à ideia lacaniana de que nem tudo pode encontrar "satisfação nos objetos da realidade". Há experiências que são somente a "revelação de um vazio", um "nada de nomeável". Algo que só se manifesta de maneira negativa. "Como se a negatividade trouxesse uma forma de presença daquilo que desconhece a imagem, mas que busca expressão ali mesmo no lugar onde o acesso pela palavra mostrou-se impossível."[46]

Mais adiante, em *Conversas Com Meu Pai*, o tema do silêncio anunciado na relação de um homem que não fala e uma filha com problema de audição, vai ganhando novas proporções, até se desdobrar na ideia do "indizível". Jorge Louraço exemplifica essa passagem

---

45 H. Foster, *The Return of the Real*, p. 14.
46 V. Safatle, *Lacan/Vladimir Safatle*, p. 89.

do que *não pode ser ouvido* para o que *não pode ser dito* citando um trecho do espetáculo no qual uma música num volume exagerado não permite ouvir justamente o momento no qual a narradora parecia fazer importantes revelações sobre o segredo anunciado lá no início. "O contraste entre revelação e ocultação é aqui levado ao extremo, numa cena de surdez em que fica patente que cabe a cada um descobrir a sua versão dos fatos e fazer o seu relato."[47]

Este momento, no espetáculo, marca a transição para a última das "versões" geradas no processo. Se a primeira versão se apoiava sobre um tom confessional mais direto para introduzir o pacto autobiográfico e o *segredo* que motivou o processo; se a segunda trazia uma racionalização do processo e uma forte carga metalinguística ao questionar os próprios pressupostos autobiográficos/documentais do trabalho; a terceira situa a obsessão em torno *do que de fato aconteceu* em uma camada mais simbólica que tem como eixo duas narrativas sobre incesto: a história de Édipo e a história de Ló e suas filhas.

A trajetória empreendida pela narrativa aponta para um tema tabu que nessa última parte se liga ao tema do incesto. Louraço aponta que a força da narrativa consiste na "verdade" que a sustenta mas também no fato de que o que ela diz não pode ser dito, mas apenas "sugerido ou segredado" já que disso depende sua "veracidade". O teórico discute então a "preterição" como figura de linguagem que sustenta a estrututura discursiva do trabalho já que ela é a figura que tem por efeito justamente "enunciar" aquilo que se pretende calar. A preterição estaria associada a duas propriedades do discurso que marcam fortemente o trabalho: a indizibilidade e a obliquidade. Segundo Louraço, "a indizibilidade, corresponde à característica que algumas falas teatrais têm de ser... não ditas; isto é, de serem 'interrupções do fluxo discursivo', como pausas, silêncios ou mutismos, cujo sentido é conotado através do que está implícito, ou do que é inominável"[48]. A cena em que uma música muito alta encobre a fala da narradora é um exemplo. Já a obliquidade é tratada por Louraço no momento em que a narrativa aponta para uma espécie de núcleo obsceno associado ao incesto. O caráter oblíquo do relato é justamente o que possibilita que ele venha à público:

---

47 J. Louraço, op. cit., p. 185.
48 Ibidem, p. 186.

A obliquidade com que o tema é tratado permite escapar a categorias analíticas prévias e, equiparando-se aos relatos da mitologia grega e da mitologia judaico-cristã, apresentar-se não como caso patológico, mas como experiência de vida apresentada em forma de arte, cujos contornos éticos se busca definir em público.[49]

Se retomamos a ideia de "Real" como vínhamos propondo com Lacan, podemos concluir então que obliquidade e indizibilidade são reflexo de uma economia subjetiva que *produz linguagem*. Uma linguagem *em negativo*.

A Ficção: "Uma Camada Mais Profunda da Realidade"[50]

Em *Conversas Com Meu Pai*, a última "versão" relatada ao público termina com a história das filhas de Ló que, para fazer frente à catástrofe que ameaçava destruir o mundo, decidiram embebedar e dormir com o próprio pai para gerar dele uma descendência. Dessa forma, os materiais do processo são vasculhados por meio de uma racionalidade investigativa para que deles se extraiam sentidos para se compreender o porquê da busca obsessiva que moveu o processo por estes anos todos. A decisão tomada pelas filhas de Ló dá a chave para uma espécie de virada na busca anunciada e termina por ser também uma forma de redenção:

E então ocorre aqui a reviravolta maravilhosa. Em que o interdito torna-se de repente possível, no meio da catástrofe, para dar continuidade a uma linhagem que corria risco de ser extinta. Para garantir a descendência de um pai velho e foragido, isolado do mundo com as filhas, por conta da destruição divina que tomou conta da cidade em que vivia e de todas as cidades vizinhas. E nessa reviravolta o incesto retorna, como a única possibilidade de resguardar uma herança em risco, perante a catástrofe. Mas aqui o pai não percebe. Ele foi embebedado. Isso talvez seja importante. Talvez isso faça mesmo toda a diferença. Que a filha, e só a filha, saiba o que está fazendo, frente ao que ela está fazendo o que está fazendo, o tamanho da catástrofe que ela enfrenta, e a importância de salvar aquilo que dele e dela descende.[51]

A passagem para o campo simbólico, talvez mais distante de uma expectativa convencionada em relação ao gênero documental, ainda assim, na estrutura proposta, não significa uma

---

49 J. Louraço, op. cit., p. 183.
50 L. Alberto de Abreu apud E. Mocarzel, op. cit., p.181.
51 A. Dal Farra, op. cit.

ruptura do pacto proposto com o público, mas uma maneira de aprofundar as questões que ele aborda:

> Ao desembocar na tragédia de Édipo e na passagem bíblica de Ló, *Conversas Com Meu Pai* amplia, redimensiona e universaliza as inquietações de vida de Janaina Leite, esgarçando o documentário cênico para a miríade de possibilidades do mito e da fábula. Em muitos momentos, os procedimentos de linguagem do documentário não são capazes de dar conta dos mistérios que rondam a condição humana. A ficção, por sua vez, pode descortinar uma profusão de camadas muito mais profundas do "real".[52]

Ao nosso ver, sem alterar o pacto proposto de início, os mitos, assim como as lacunas, a passagem brusca entre as versões, o choque entre os materiais do processo, e mesmo a imposição física que as escolhas da encenação inflingiam ao corpo, foram aqui a forma de *dizer o indizível*. Foram *punctuns*, pontos de contato com Real. Esse para o qual não há um falar estruturado e com o qual só podemos ter contato na forma de irrupções.

Sem cair em hierarquias reducionistas entre o real e o ficcional, podemos pensar no potencial das ficções em abrir rasgos na trama Simbólica e propiciar, via experiência estética, contatos vertiginosos com o Real.

O Processo Como Obra

Conversas Com Meu Pai termina com uma *afirmação do negativo*, já que nega todas as versões que surgiram ao longo do processo, ao mesmo tempo que elas resistem enquanto representações dessa experiência ao fazerem parte da formalização da narrativa. É como se as versões fossem formas de falar daquilo que permanece inacessível, tentativas de tocar um campo de experiências que não puderam ser plenamente simbolizadas.

Essa foi a primeira versão. E também depois dela eu achei que ela não servia. E também depois dela, eu achei que nada mais seria possível. De novo, achei que poderia ser que algo tivesse acabado ali. Acho que várias vezes durante o processo eu quis achar que ele tivesse acabado. Muitas vezes eu quis me ver livre disso tudo. Mas a gente não se livra dessas coisas. A gente não está livre dessas coisas. A liberdade é sempre negociada.

---

52 E. Mocarzel, op. cit. p. 176.

É sempre uma condicional. Ultimamente voltei a ter sonhos com ele. Quase ouço alguém me aconselhando, "você devia parar de mexer nessas coisas".[53]

Esse "ultimamente" e a afirmação de que ainda se está a "mexer nessas coisas", apontam para um processo que segue em aberto. No entanto, essa afirmação se confronta com um espetáculo que segue em cartaz, com hora marcada, que tem mesmo seu texto assinado por outra pessoa que não o sujeito da narrativa autobiográfica. De fato, diferentemente do que muitas pessoas acreditam, não há nenhum traço de improvisação. É altamente performativa nas suas estratégias cênicas e dramatúrgicas de atualização da presença, tanto através de um texto que exige, mais do que uma representação dramática, uma reposição de um percurso pessoal por meio de um raciocínio que tenta se explicitar ao máximo para o interlocutor que é o público, quanto pelas ações programáticas que a atriz realiza, como entrar numa piscina cheia de água de tempos em tempos e lidar com o frio cortante que lhe dificulta a fala e lhe trava os movimentos físicos[54]. Louraço é preciso ao dizer que o espetáculo é "uma quarta versão do relato desse processo, neste caso uma versão em forma de envelope ou guarda-chuva, que inclui as anteriores."[55]

Ainda que exista uma peça que é essa "quarta versão", ainda assim, podemos pensar que ela não esgota seu processo, pois que o material segue encontrando diferentes elaborações em outros formatos. Como dissemos, o processo gerou desdobramentos: cadernos de processo, blog, um livro-documentário, um roteiro

---

[53] No espetáculo, as versões eram contadas de trás para frente, começando da terceira e terminando com a primeira, num movimento claro de se aproximar da origem ao invés de se distanciar dela, o que sugeriria algo como uma trajetória de superação. Cf. *Conversas Com Meu Pai*, direção de Alexandre Dal Farra.

[54] Alexandre Dal Farra, também diretor e dramaturgo do espetáculo, manifesta grande interesse pela *materialidade* da presença do ator em cena: "Não se trata de fingir ser outra coisa, ou de fingir viver outras coisas, mas sim, de viver em cena exatamente o que se está vivendo em cena, e saber tornar isso visível, ou seja, fazer essas vivências, que se dão no corpo do ator, visíveis para o público, mostrá-las ao público. Assim, também o texto precisa passar pelos atores e, no aqui e agora da cena, ser corporificado por eles. Eles precisam saber mostrar o que ocorre ao seu corpo com a passagem desse texto por ele. As alterações que essa passagem causa nos seus corpos precisam ser visíveis ao público." A.F. Dal Farra Martins, *Peça de Aprendizado Pós-Moderna, Tradução e Análise da Peça "Vale das Facas Voadoras", do dramaturgo e diretor alemão René Pollesch*, p. 35.

[55] J. Louraço, op.cit, p. 172.

de longa-metragem, todos criando demandas, gerando novas (e reabrindo velhas) questões. Cecília Salles, por exemplo, faz sua análise do trabalho a partir de materiais que constam no blog da pesquisa e não na peça[56]. Se pensarmos no conceito de intermídia, Salles tem razão em entrever a possibilidade de ler a obra à luz de seus outros desdobramentos como o blog. São *caminhos* de leitura que se oferecem.

Ao mesmo tempo, também é claro para nós que foi *preciso* que o processo fosse de certa forma superado para que o material viesse à público. Alexandre Dal Farra, o autor do texto de *Conversas Com Meu Pai* e do artigo "Em Terceira Pessoa: Sobre o Processo de Escrita da Autobiografia de um Outro" acredita que foi necessário que ocorresse um *"fechamento* do material," que "pôde a partir daí ser manuseado pela Janaina sem que para isso ela precisasse estar em constante contato com as questões todas ali envolvidas – passou a ser manuseável, portanto, pois que aparecia agora já desdobrado e, sobretudo, mediado pela linguagem do outro"[57].

A ideia de "processo como obra" ecoa nessa proposta já que o termo se refere a experiências estéticas que se fazem justamente na tensão com seu processo criativo.

Jean-Claude Bernardet vai mais adiante e chega a afirmar que, em muitas das obras que lhe motivam tais reflexões, a obra é *o próprio processo de criação*. O processo é assim uma forma de resistência à obra significativa.

Ainda que o próprio crítico afirme que essas ideias encontram resistência, não é difícil perceber nesse conceito uma aproximação clara com as teorias da performance que discutem amplamente os limites entre arte e vida, entre acontecimento e obra.

No caminho que realizamos ao tentar aproximar a autor-representação de uma busca de des-identidade, a radicalidade de se prescindir da obra acabada e se considerar o processo como obra, aponta mais uma possibilidade de reinvenção do território da representação autobiográfica. Mais do que isso, parafraseando a performer e pesquisadora Eleonora Fabião: assim, podemos migrar do problema ontológico que coloca a

---

56 "O que quero ressaltar aqui é que há dramaturgia para além do palco, tanto sob o ponto de vista físico como virtual." C. Almeida Salles, Diluição de Fronteiras, *Sala Preta*, v. 14, n. 2, p. 189.
57 A. Dal Farra, op. cit..

questão *o que é a obra*, para um questionamento performativo: *o que queremos que a obra seja.*[58]

DESAFIOS PARA A PRODUÇÃO AUTOBIOGRÁFICA NA CONTEMPORANEIDADE

O relato da experiência de criação de *Conversas Com Meu Pai* se une, indissociavelmente, ao caminho de conclusão do percurso teórico que aqui se apresentou. Nosso esforço maior foi realizado no sentido de nos situarmos diante da aporia representada pelo par experiência/representação, nos mantendo em um movimento constante de oscilação entre imaginação e referencialidade, entendendo que essa tensão é justamente o que singulariza o nosso objeto e que lhe confere interesse.

Como vimos, a renovação das possibilidades narrativas no campo da autoexpressão só foi possível por uma renovação muito maior dos próprios modelos de descrição e explicação do homem. A história, a antropologia, a sociologia, a psicanálise, e as profundas transformações nesses campos, fazem com que dizer "eu" no século XXI não corresponda mais ao "eu" pronunciado por um homem do século de Rousseau.

Abre-se o debate em torno dos limites da representação e do acesso direto a uma realidade que poderia ser apreendida em sua totalidade. As discussões em torno do conceito de performance e as novas concepções no campo da representação autobiográfica, que passa a ser entendida enquanto "ato performativo", têm, assim, como fundo comum, a falência de uma concepção positiva da história. "A configuração da experiência da vida como unidade coesa e a confiança inabalável na linguagem como veículo de representação começaram a desmoronar."[59]

É nesse sentido que a arte contemporânea parece estar formulando respostas às problemáticas da autorrepresentação nesse novo contexto. De fato, os anos de 1970, nas artes, são marcados por um movimento geral que tem como um dos

---

58 E. Fabião, Performance e Teatro: Poéticas e Políticas na Cena Contemporânea, *Sala Preta*, v. 8, 2008, p. 245.
59 H. Galle et al. (orgs.), *Em Primeira Pessoa*, p. 10.

principais traços a contestação dos modelos representacionais vigentes que irá capitanear um forte momento de experimentalismo. Nas artes plásticas, na *performance art*, e também nas artes cênicas, explodem as experiências afirmadamente autobiográficas. Vários são os exemplos de artistas e obras que trazem para dentro de seus projetos novas concepções do que seja o gesto autorrepresentacional, o trabalho sobre a memória, o trânsito com a ficção ou simplesmente do que seja a *consciência de si*, concepções estas que em nada se aproximam da concepção teleológica que sustentava as narrativas de formação da modernidade.

Nesse novo contexto, no entanto, outros riscos se desenham, já que dentro da ordem capitalista, a insignificância dos sujeitos se disfarça de uma exaltação desenfreada da unicidade do "eu" e da personalidade, como se fossem valores indubitáveis. A reivindicação de Rousseau de que não só os reis pudessem falar de si se converte perversamente numa exigência de que se fale de si (somente de si) dentro de um horizonte que não é mais do que a reprodução de *mesmidades*. Assim, facilmente se incorre no que Sanchez chama de acumulação obsessiva do insignificante, e de voyeurismo acrítico[60], ou no que Carreira aponta como sendo corrosivo para o vínculo do espectador com a cena, já que este seria atraído exclusivamente pelo anedótico e pelo exótico[61].

Outro risco é o da demarcação rígida de territórios em que, ao nos acreditarmos descrevendo, estamos em verdade prescrevendo, trabalhando assim para a propagação de fórmulas que não geram mais do que maneirismos que tentam se justificar através da filiação a um pseudo teatro x ou y.

Como diz Cornago, "o funcionamento da teatralidade deve ser revisto dentro de cada situação específica de (re)presentação a partir dos mecanismos articulados por esta"[62], nesse sentido, pouco se justifica a análise de características *a priori* descoladas da articulação única que uma obra promove.

---

60 J.A. Sanchez apud A. Carreira, A.M. de Bulhões-Carvalho, Entre Mostrar e Vivenciar: Cenas do Teatro do Real, *Sala Preta*, v. 13, p. 40.
61 A. Carreira; A.M. de Bulhões-Carvalho, op. cit., p. 41.
62 O. Cornago, Biodrama: Sobre el Teatro de la Vida y la Vida del Teatro, *Latin American Theater Review*, v. 39, n. 1, 2005. (Tradução nossa).

Se neste percurso nos esforçamos para manter a tensão entre o par experiência e representação, sem igualar a representação do imaginário – o ausente irreal – dessa outra, que mantém seu referencial no mundo dos acontecimentos, do que *teve lugar* – o ausente anterior e posicional –, foi como uma tentativa de contribuir, inclusive com pontos de vista de outras áreas do conhecimento, para a reflexão tão premente sobre o vasto território do real e suas manifestações e elaborações através das artes. De forma alguma isso deve significar uma espécie de postulado que anule a relação altamente inventiva do artista com sua produção de enunciados.

Diante da "impossível adequação das formas disponíveis de figuração à demanda de verdade que surge do coração da história viva"[63], não só Ricoeur, mas autores de diferentes disciplinas que lidam com o problema da referencialidade e que nos acompanharam nesse trajeto como Beatriz Sarlo, Sigmund Freud, Jacques Lacan, Philippe Lejeune, convocam as artes como as únicas capazes de engendrar modos inauditos de relação com a linguagem.

Podemos dizer que, hoje, um artista que se debruce sobre material autobiográfico tem diante de si este duplo desafio: questionar os modelos representacionais ainda fortemente ligados a essa teleologia da *Bildung* e, ao mesmo tempo, encontrar na experiência de uma criação autobiográfica o espaço de sua própria reelaboração, abrindo possibilidades para verdadeiros saltos de "experienciação" e simbolização do *self*.

---

63 P. Ricoeur, *A Memória, a História e o Esquecimento*, p. 273.

Anexo
Conversas Com Meu Pai[1]

O público aguarda no hall. Janaina, surge encharcada, com uma caixa de sapatos nas mãos. Pede às pessoas que ocupem as cadeiras que se encontram dispostas em círculo na sala.

Sentada entre eles, no círculo, marca no celular um minuto de silêncio.
Som do cronômetro. Uma única luz passa a recortar no chão uma grande mesa oval.

JANAINA (*fala pausadamente.*)
Bom. Vocês estão aqui para... Eu preciso dividir com vocês... É um tipo de segredo. Acho que é um segredo, que eu tenho... Eu precisaria contar agora. Mas eu não sei direito. Porque também tem isso... Eu fiquei querendo contar o segredo, e... É, isso também foi parte da coisa. E foi um tipo de processo de cura. Querer contar o segredo, dividir com os outros. Mas só que as coisas ao invés de ficarem mais simples foram ficando mais complicadas, e no meio desse processo, que era um tipo

---

1 Texto na íntegra do espetáculo *Conversas Com Meu Pai* de Alexandre Dal Farra sobre material de Janaina Leite.

de cura, de repente eu descobri que o segredo talvez nem existisse. Então, eu não sei direito se isso que eu tinha para contar para vocês realmente aconteceu, e aí, fica tudo um pouco mais complicado, porque... Eu não ia querer sair por aí contando um negócio que nem aconteceu direito. Se eu imaginei, então aconteceu, eu penso às vezes, mas só que é muito diferente, é totalmente diferente se isso foi imaginado, e aconteceu enquanto imaginação, ou se isso aconteceu realmente, na vida. Mas isso também não é tipo uma história de detetive em que a gente vai e descobre uma coisa lá na frente. E também não é para vocês terem qualquer tipo de dúvida em relação à veracidade das coisas que eu estou dizendo. Tudo o que estou dizendo, esse texto aqui, foi inteiramente decorado, ensaiado, e é integralmente verdadeiro, parte da minha vida real. O que aconteceu, nesse caso aqui, foi que eu mesma, descobri que eu não sabia nada sobre isso aqui que eu estou começando a mostrar para vocês. Que eu não sabia nada sobre esse segredo aqui que eu queria contar. Então, não era uma cura que estava acontecendo nesse processo aqui, não, na verdade era um tipo de mobilidade, uma movimentação que eu estava conseguindo fazer, movendo as imagens na minha cabeça e isso não estava clareando absolutamente nada, mas apenas deixando tudo mais confuso ainda! Era um tipo de doença da clareza total que eu tive antes, de que eu me curei quando eu percebi que simplesmente não tinha nenhuma clareza possível nesse caso. Alguns anos atrás eu tinha um segredo que eu gostaria de dividir com vocês e então eu estaria sentada aqui fazendo isso. Esse acontecimento teria me desorganizado completamente enquanto individualidade e talvez isso tenha acontecido mesmo comigo durante algum tempo. Talvez eu tenha mesmo me desorganizado enquanto individualidade por algum tempo. Mas eu com certeza fiquei anos, muitos anos pensando sobre essas coisas e planejando isso aqui, porque essa seria uma forma de me curar, mas no meio do caminho tudo foi ficando confuso e não teve cura nenhuma, no sentido de que eu tenha excluído totalmente essas questões de mim, esse segredo que eu queria contar e por meio disso expurgar ele da minha vida, mas isso não aconteceu e as coisas só ficaram bem mais móveis. Então eu preciso só dizer isso agora, que existe esse segredo, esse acontecimento que, tendo ocorrido ou não, me acompanhou durante anos e foi totalmente plausível, não só para mim, mas também para outras pessoas da minha família que isso tivesse ocorrido. E era uma impossibilidade de falar sobre isso. E era uma dificuldade de comunicação com o meu pai, era sobre isso que o fato tratava. Uma dificuldade de comunicação, e de repente o meu pai estava sem as cordas vocais e não tinha mais como comunicar nada de forma direta. Dava para a gente se falar por meio dos papeizinhos. Essa foi a conversa que se iniciou então. E ela foi ganhando vida própria, e foi ficando mais interessante e mais viva, e esses papeizinhos aqui eram os suportes da nossa interação, por algum tempo. Por algum tempo, nós depositamos a nossa energia de comunicação nesses papeizinhos, eu e o meu pai, e agora eles estão todos armazenados aqui. Eu fiquei armazenando a energia de comunicação entre eu e meu pai, e fui colocando aqui nesta caixa, e então eu guardei isso por muitos anos, fiquei por muitos anos armazenando estes papéis aqui. Mas eu não vou mostrar nem mesmo um desses papéis para vocês, porque sempre que eu mostro é um pouco dessa energia que se esvai, se perde, fica por aí. Não se pode abrir uma caixa dessas com esse tipo de energia armazenada e sair espalhando por aí. Não. Eu vou simplesmente dizer para vocês que é isso que tem aqui. Aqui estão todos os papeizinhos que o meu pai usou para se comunicar comigo quando ele já não tinha mais cordas vocais, quer dizer, todos os papeizinhos que armazenei no período entre a sua traqueostomia e a sua morte, que foi quando passamos a conseguir nos comunicar, quando passamos, eu e o meu pai, a conseguir encontrar um meio de trocarmos as nossas energias. Porque antes disso a energia não estava encontrando os caminhos para fluir entre nós. Antes disso, era uma comunicação pura, do tipo traumática e sem sentido, um dispêndio de energia sem controle, explodindo pelo mundo, no meio da rua, pela vizinhança, na sala, de tal forma que, quando o meu pai saiu da minha casa, aos meus quinze anos de idade, aquilo foi para mim um alívio imenso. A traqueostomia veio dez anos depois.

Ela se deita no chão. "Como é Grande o Meu Amor...", do Roberto Carlos, toca no celular. Ela escuta algum tempo, depois começa a falar ainda com a música ao fundo:

14 de novembro de 2011

Eu fui com ele num restaurante japonês, mas ele não sabia comer direito. Ele pegava o *sushi* com a mão e colocava na boca e depois bebia o *shoyu*. Eu ia começar a ficar com vergonha dele, mas passava, e eu fiquei tentando ensiná-lo a comer com os pauzinhos. Depois a gente foi embora e eu me perdi dele. Acabei caindo numa rua cheia de gente, todos vindo numa mesma direção. E eu saí andando no sentido contrário procurando por ele. Parei um homem, parecia ele, mas bem mais novo. Continuei andando contra a massa de gente e aí eu cheguei em um muro. Tinha alguém deitado no chão, coberto com um pano. Eu cheguei a virar à direita pra continuar, mas algo me disse que talvez pudesse ser ele. Então, eu puxei o pano e era meu pai. Tava sem camisa e eu percebi que era ele primeiro pelas tatuagens. Aí descobri o rosto e ele tava me olhando com um sorriso levinho. Ele levantou ainda me olhando com ternura mas eu vi que um líquido preto começou a escorrer pelos braços dele. Eu disse alguma coisa, mas não me lembro o que foi. Ele tentava se manter de pé, sempre sorrindo pra mim, mas ele começou a desmanchar. O corpo dele foi cedendo e notei que no chão tinha como que uma mureta de cimento cercando os pés dele. E ele desmanchou completamente e ficou só o pescoço mole com a cabeça pendendo e já não se via mais nada do corpo.

Pausa longa. Espera a música acabar.

Esta foi a terceira versão da peça. Esta aqui, que está terminando agora. E então eu levanto e saio daqui. Vocês vão para a outra sala. Vocês também vão para a outra sala comigo, é para isso ser feito, agora, porque existe a outra versão que eu criei. Existe a segunda versão. Eu estou mostrando de trás para diante.

(*Entra no espaço seguinte: um telão onde durante todo o próximo quadro imagens documentais serão projetadas aleatoriamente – uma casa vazia e um bocado destruída na beira da estrada, o trilho do trem, um rio, um barco pequeno onde um homem – o pai; e uma mulher – a filha –, em silêncio, pescam, close nas mãos do homem que escreve pequenos bilhetes, close nos olhos da mulher, o rio, uma casa no meio da floresta, um peixe sendo aberto com as vísceras expostas, o pai e a filha, em silêncio, dividindo uma cerveja etc., etc.) – uma foto 3x4 ampliada, imensa, na parede. Muitas plantas, muitas, uma mesa, um microfone, gaiolas, algumas maquetes, cadernos, um teclado, uma piscina inflável, uma caixa de isopor, cadeiras de praia, um cabeção de festa infantil, uma* TV.)

E agora eu vou falando, vou dizendo essas coisas, quer dizer, que essas versões foram sendo feitas por mim, e eram como elaborações estéticas da minha vida real, eram tentativas de formalização desse teatro documental, e eu fiquei por oito ou dez anos fazendo isso, criando essas versões de formas de falar da minha vida em cena, só que nenhuma versão da história dava conta do que realmente tinha acontecido! Eram todas versões totalmente estranhas para mim, depois que estavam prontas. Depois de ficarem prontas, eu de repente olhava para elas, no meio do processo, e elas simplesmente não davam conta da minha vida! Porque eu estava querendo dar conta da minha vida, realmente, eu estava realmente me esforçando ali para dar conta da minha vida, era eu que estava em jogo, eu e um monte de acontecimentos traumáticos!... E eu não ia suportar, EU SIMPLESMENTE NÃO IA FICAR INVENTANDO UMA PORRA DE UMA VERSÃO QUE NÃO DESSE CONTA TOTALMENTE DA VIDA, MAS QUE FICASSE LIDANDO O TEMPO TODO COM AS EXPECTATIVAS QUE EU IMAGINASSE QUE O PÚBLICO TINHA EM RELAÇÃO A ESSAS COISAS!!! EU NÃO IA ESTILIZAR A MINHA VIDA PARA CHEGAR A UM FORMATO QUE LIDASSE DE TAL OU TAL FORMA COM AS COISAS, NÃO IA FAZER ISSO, TENTAR CHEGAR A UMA MERDA DE UMA PEÇA DE TEATRO SOBRE A MINHA VIDA PRA CAUSAR UMA CERTA EMOÇÃO NO PÚBLICO!!! De alguma forma, isso tudo me causava nojo, porque eu olhava para a minha vida e eu não podia simplesmente ficar usando aquela vida para alimentar esse ou aquele pseudo-sistema teatral, NÃO, EU PRECISAVA MESMO ERA TENTAR DAR CONTA DA VIDA EM SI, E PARA ISSO ESSAS VERSÕES NÃO SERVIAM TOTALMENTE. Mas eu preciso dizer também que por outro lado essas versões que eu fui criando, eu também não conseguia simplesmente jogar fora, JOGAR TODA ESSA MERDA FORA, ESSAS COISAS AQUI, TUDO ISSO, eu simplesmente não conseguia jogar isso tudo fora, porque isso tudo fazia todo o sentido do mundo para mim!! Só que era como se fosse um sentido determinado, específico e incapaz de chegar ao todo dos acontecimentos! E além de tudo a vida foi mudando no meio do caminho, e as coisas tinham tido sentido em um momento, depois perderam completamente o sentido, por exemplo ISSO AÍ QUE EU ACABEI DE FAZER, HOJE EM DIA ISSO NÃO FAZ MAIS SENTIDO DIREITO, MAS MESMO ASSIM TEM UMA PARTE DO MEU CORPO QUE AINDA SENTE AQUILO COMO FAZENDO UM TIPO DE SENTIDO PARTICULAR, DE REVIVER UMA SENSAÇÃO DE PERDA TOTALMENTE ESTRANHA PORQUE TINHA A VER COM ISSO QUE DE ALGUMA FORMA EU MAIS QUIS PERDER E TER NA VIDA.

(*Se refere ao espaço da cena anterior.*)

Mas para além disso, eu não sei direito mais... Não sei direito o que foi aquilo que eu fiz ali! Eu meio que me recuso a saber o que eu fiz ali totalmente, eu me recuso a ter aquela peça como a peça final! Eu fiquei muito tempo pensando naquela versão, procurando textos, vídeos para projetar, vídeos que eu gravei, textos que eu colhi, eu poderia desenvolver aquilo a partir de depoimentos, sons, em um cenário bonito, em que haveria uma mesa ali, eu estaria deitada na mesa, e a mesa desceria para baixo da terra comigo em cima dela... Eu fiquei muito tempo projetando essas coisas, só que depois eu me recusei a fazer isso. Eu simplesmente não podia ficar fazendo aquilo o tempo todo, porque EU NÃO TENHO MAIS A MENOR IDEIA DO QUE SEJA AQUILO ALI!!! Eu fiquei ali, sentei ali naquele círculo, falei umas coisas e tal, me deitei no chão... Não sei direito o que eu fiz ali, não sei direito o que é nada disso!!! Mas depois de terem escutado o que eu disse, vocês agora chegaram nesse lugar aqui, que é tipo um depósito com umas coisas que eu trouxe para cá, essas coisas aqui, ó, e eu fico trazendo essas coisas para cá no dia que vocês vão vir aqui para assistir a isso aqui... E aí, estou aqui agora, com essas coisas que eu trouxe, depois de ter feito aquilo... sei lá o que era aquilo!!! Eu não consigo dar conta de erguer isso aqui com as mãos e olhar a coisa inteira, de erguer isso no ar e dizer para vocês assim, "vejam isso, isso aqui é tal coisa ou tal outra", e não consigo me relacionar direito com essas coisas aqui, porque eu não sei o formato disso, não sei a forma, porque isso aqui, o material, é a minha vida! É totalmente disforme, e eu fico o tempo todo me perdendo por aqui... Por isso também não estou conseguindo pegar vocês pelas mãos, sabe? Guiar vocês por um passeio no meio dessas coisas aqui, pode até ser um passeio em que vocês se percam um pouco de forma controlada por mim, mas é um passeio guiado, só que eu mesma estou perdida aqui nesse lugar, eu, enquanto guia, estou meio perdida, então, fico carregando vocês por aqui sem saber direito onde estou!!! Desde a sinopse da peça, o problema já fica totalmente claro. Então é a história de um pai e uma filha que retomaram a comunicação quando ele operou a garganta e ela começou a ficar surda e ISSO É TOTALMENTE VERDADEIRO! Só que eu não acredito na sinopse da minha vida e simplesmente não consigo vir aqui e ficar enganando vocês, sonegando umas partes do que tenho a dizer de forma planejada, isso que eu acabei de fazer ali, acabei de dizer, ali mesmo, que eu ia contar uma coisa para vocês, tipo dividir uma coisa, uma espécie de experiência pessoal, e tudo. É como se fosse um segredo que eu tinha para contar, mas que depois eu comecei a achar que esse segredo nem existia, e também não sei por que tem essa coisa de ficar dividindo os segredos com as pessoas!!! Não sei por que tem isso agora de vocês sentarem aí e eu ficar aqui contando umas coisas pessoais. Eu mesma não sei se eu quero saber de umas coisas pessoais contadas por algumas pessoas em cena. Mas para não ficar assim, as pessoas às vezes fingem que não são coisas pessoais, e aí o público fica em dúvida se a pessoa que está ali na frente está ou não está contando umas coisas pessoais, e isso resguarda o público de ter que saber se a pessoa está expondo umas coisas da vida pessoal dela. Eu sento na plateia e fico lá vendo a pessoa falar dos seus problemas pessoais e não me sinto tão invadida, porque não tenho certeza de que é pessoal, e fico o tempo todo querendo descobrir que parte da peça é pessoal, que parte é ficcional, mas no meu caso, nesse caso aqui, na verdade é totalmente pessoal, na verdade tudo o que eu estou falando aqui é totalmente pessoal, totalmente pessoal mesmo, são só acontecimentos da minha vida pessoal, que não são nem um pouco universais, são só meus mesmo, e eu não tenho a menor ideia de por que isso está sendo contado para vocês agora, mas o ato de contar sempre fez parte do processo de cura, ou de movimentação dessas ideias que eu tinha!!! E eu até fiquei tentando achar umas coisas universais em algum momento, do tipo, todo o mundo tem um pai, todo o mundo sente umas coisas, só que nem sempre é igual de uma pessoa para outra, aliás, nunca é igual, nunca é exatamente igual, então depois eu achei que o melhor seria não tentar achar nada de universal, porque tudo o que é universal é um pouco forçado, acho... É uma mentira, o melhor é não ser universal, é ser específico, não dividir nenhuma experiência como se fosse similar, na verdade não é similar, nada é similar a nada, eu mesma não sou similar comigo mesma, então, não tem nada de universal aqui, só tem um processo mesmo de colocar essas coisas em cena, e o processo todo foi esse, e eu REALMENTE não cheguei ao formato final, isso não é uma questão de estilo, um acabamento hiper bem feito e urdido para obter justamente o efeito do inacabado, como aqueles penteados *punks* feitos em cabeleireiros caríssimos e tudo o mais, não, eu REALMENTE não cheguei na forma final, foi totalmente impossível, sempre que a forma chegava a vida tinha mudado totalmente PORQUE A PRÓPRIA FORMA A QUE EU TINHA CHEGADO TINHA ME POSSIBILITADO MUDAR REALMENTE A VIDA, ENTÃO, ELA JÁ NÃO SERVIA MAIS NAQUELA VIDA QUE ELA MESMA TINHA AJUDADO A MUDAR, PORQUE TODAS ESSAS FORMULAÇÕES AQUI QUE VOCÊS ESTÃO VENDO, TUDO ISSO, AQUELE MOMENTO ALI, ESSE AQUI EM QUE EU FICO FALANDO UM MONTE DE COISAS, CADA UMA DESSAS FORMULAÇÕES AJUDOU REALMENTE A TRANSFORMAR A VIDA. Mas como a vida ia mudando e já não cabia mais ali, só ficou esse amontoado de coisas meio caótico, realmente caótico e não calculadamente caótico, realmente caótico e mais ou menos impossível, realmente impossível de dar conta, tipo uma espécie de herança sem fim que eu vou ficar carregando por aí eternamente, E EU NÃO CONSIGO FAZER ISSO, SIMPLESMENTE NÃO CONSIGO, NÃO VAI SER POSSÍVEL, É TOTALMENTE IMPOSSÍVEL!!! NÃO DÁ PARA FAZER ISSO AQUI, É UM FRACASSO, DEU ERRADO, TOTALMENTE ERRADO. PRONTO. DEU ERRADO.

(*Senta. Fica algum tempo ali sentada. Olha o fracasso de frente. Olha para o público. Pausa longa, dura o quanto precisar.*)

Por exemplo. Tem um momento em que eu contaria a história do gato. Tem um gato, eu vi o gato sendo morto a pauladas pelo meu pai. Isso é uma memória que eu tenho mais ou menos forte, o gato estava dentro do saco preto, e o meu pai começou a ficar matando o gato com um martelo. Aí eu peguei e fiquei encafifada um tempo. Só que isso não era tipo uma coisa planejada, eu REALMENTE ESTAVA MUITO INCOMODADA COM O FATO DE QUE AS MEMÓRIAS QUE EU TINHA NÃO ESTAVAM SE CONECTANDO A NADA DE NECESSARIAMENTE OBJETIVO, COM O FATO DE QUE AS MINHAS MEMÓRIAS ÀS VEZES TINHAM SIDO SIMPLESMENTE IMAGINADAS POR MIM, E ISSO CONFUNDIA TOTALMENTE A MINHA CABEÇA PORQUE EU NÃO TINHA MAIS COMO SABER SE AS COISAS TINHAM ACONTECIDO OU NÃO!!! Então eu fui perguntar para as minhas irmãs se elas lembravam disso, e eu gravei essas conversas.

Voz off Renata:

– Então eu queria saber se você tem alguma memória de uma situação em casa com um gato?
– Um gato? Memória recente ou antiga?
– Não, muito antiga.
– Sim. Tenho uma memória.
– Como é?
– Meu pai não gosta muito de gato. E ele cismava com os gatos. A gente sempre morou em casa e e os gatos ficavam atasanando lá. Meu pai gosta de passarinho. Então os gatos queriam pegar os passarinhos. E aí uma vez meu pai fez uma armadilha pro gato. Uma armadilha bem malvada. Ele montou uma placa de metal com água no meio ligada na tomada. Então se o gato tentasse passar ali o gato ia levar um choque. Aí não sei se a armadilha não deu muito certo ou o gato era muito forte e o choque só deu um susto no gato. Aí, eu lembro do meu pai correndo atrás, eu não lembro se era com uma vassoura ou com um pau tentando bater no gato. E o gato indo embora. E foi isso a história com o gato.
– E o gato foi embora?

Ela não lembra das mesmas coisas. Eu fiquei perguntando muito das coisas, mas não adiantou, ela não lembrou de jeito nenhum, pode ser que o meu pai nem tenha matado o gato a cacetadas, pode ser que nada disso tenha acontecido. Isso é algo de bastante importante para mim e talvez mesmo decisivo para essa história inteira, que as coisas possam NÃO TER ACONTECIDO. Que eu possa simplesmente ter inventado tudo, achando que eu tinha lembrado.

Voz off Sabrina:

– Então...eu queria saber se você tem alguma memória do passado, da infância relacionada a um gato?
– Um gato de verdade ou gato animal? (risos)
– Gato animal.
– Ai, eu tenho...de um gato que o pai tentou matar e jogou dentro de um saco de lixo e jogou ele no tanque cheio de água.
– Tenta contar tudo o que você lembra dessa imagem desde o começou. Quando foi, como foi, tudo.
– Ah, eu não lembro, Jana, como que o pai pegou. Aí ele tentou matar, não conseguiu, colocou num saco de lixo, amarrou, colocou no tanque cheio de água, depois ele colocou no porta mala do carro dele, que era um corcel e foi levar pra jogar no meio do mato.
– E o gato morreu?
– Que eu me lembre, não.

Ou pode ser que as coisas não tenham acontecido exatamente da forma como eu me lembrava. Ou seja, a minha memória não presta como documentação de nada, porque o que aparece lá está deformado!! Então, eu comecei a investigar isso porque eu queria saber o que tinha acontecido, o que poderia ter REALMENTE acontecido, que era o que me levava a fazer isso tudo??? Eu precisava saber dessas coisas, SABER MESMO, CIENTIFICAMENTE, O QUE TINHA ACONTECIDO, QUEM ERA O MEU PAI, QUEM ERAM ESSAS PESSOAS, ONDE EU ESTAVA AFINAL??? NO QUE É QUE EU ESTAVA MEXENDO???

(Começa a música "Amor Perfeito", baixo. Depois, vai subindo.)

Então naquele tempo eu comecei a procurar umas coisas, colher depoimentos, ler umas cartas. E encontrei muitas cartas. Por exemplo, do meu avô, que era pastor evangélico. Ele perguntava coisas do tipo, "onde você passará a eternidade, meu filho?" Ou umas cartas do melhor amigo do meu pai. Esse melhor amigo dava os parabéns pelo casamento, depois, uns anos adiante, parabenizava pelo nascimento de cada uma das filhas, e dizia querer um dia poder conhecer. Isso só aconteceu quando eu tinha uns sete anos, que foi a época em que o "Tio Canela" saiu da prisão, depois de ter passado dezoito anos preso por ter roubado um banco e por ter matado um cara que negou um pedaço de bolo para a irmã dele, que estava grávida. Eu procurei ele pra entrevistar, mas descobri que ele morreu louco, depois de pegar meningite. Fiz também muitas entrevistas com pessoas do ambiente dele, os pescadores, o pessoal da fábrica, meu tio de sangue, que me contou que deu uma facada no meu pai numa das várias brigas entre eles, entrevistei a última mulher dele – a penúltima eu não consegui encontrar já que ela havia fugido depois de roubar todos os móveis da casa do meu pai, menos a cama já que meu pai tava entrevado nela pesando 43 kilos por causa da quimioterapia (*a música vai aumentando*); minha avó, uma senhora evangélica que morreu este ano, e por quem eu não chorei, e que em vídeo, mesmo com toda distância que existia entre a gente, me confessou que nunca tinha gostado de manter relações sexuais com meu avô e dizia isso, repetindo a cada frase "graças a Deus, graças a Deus"; e minha tia Vera que também morreu este ano, depois de amputar as duas pernas, mas antes me contou as histórias das tatuagens do meu pai, e me falou de uma outra Vera que o fez sofrer tanto que ele raspou com gilete e tacou fogo no desenho que ele tinha feito aqui com o nome dela, ou dessa outra aqui...

(*Vai desistindo de gritar e continua falando pra si, as histórias das tatuagens, apontando/desenhando no corpo onde ficava cada uma delas – já inaudível para o público. A música acaba. Pausa longa.*)

Então essa foi a segunda versão, que é basicamente... Isso, quer dizer... É uma... Eu chamei de... Viveiro... Nessa época, eu queria fazer tudo o que fosse possível, uma peça, um filme, um livro e qualquer outra coisa, e de repente eu estava fazendo esse filme, e eu precisava ir lá em Cubatão colher imagens do meu pai, eu ia lá com a câmera e ficava filmando ele, eu fiz muito isso, e eu ficava tipo usando ele para os meus fins estéticos, e ele de alguma forma nem estava entendendo direito que era isso que estava acontecendo, mas eu sabia perfeitamente que era isso que eu estava fazendo. Só que no fundo eu ia com a câmera lá, mas eu ia mesmo para ficar lá tomando cerveja, sentada lá na casa dele um pouco, perguntando umas coisas, comendo com ele e tal. Era isso que eu ia fazer lá, no fundo, na verdade, era isso, estava meio que tudo bem nessa época, eu não ficava muito preocupada com a lembrança das coisas e tudo, até porque estava mais ou menos tudo bem e de repente tinha essa dúvida, essa pulga atrás da orelha que o tempo todo vinha me infernizar, como que perguntando se estava tudo tão bem assim. Então, era a perspectiva da cura total que estava no horizonte, de me livrar disso tudo e tal. Só que não deu. E virou isso aí. Foi a segunda versão dessa coisa, dessa espécie de… vida.

(Pula na piscina. Sai encharcada. Pausa.)

24 de agosto de 2007. Estou num nível mais alto e vejo uma escadaria que termina no mar. Algumas imagens se misturam e nesse topo vejo pessoas em situações eróticas. O mar mais abaixo é de um azul muito, muito claro. Vejo boiarem vários animais que não sei se estão mortos ou se dormem. São animais brancos: cavalos, raposas ou grandes ratos brancos. A imagem desses animais brancos boiando é fascinante. São corpos brancos sobre um azul celestial, onde desemboca uma escadaria sem fim. É lindo. Deitados nos degraus da escadaria percebo ursos brancos que, como os outros animais, também estão imóveis. É tudo muito calmo e silencioso. Eu vinha descendo lentamente os degraus me aproximando do nível da água. Percebo que os ursos começam a se mover e recuo um pouco assustada. Me dou conta da presença de outra mulher. Ela não se afasta. Permanece nos degraus e o urso envolve-a com sua grande capa de pelo branca. Como se ele todo fosse uma imensa língua lambendo a mulher, deslizam pela escadaria. Massa gorda e branca envolvendo um corpo de mulher. Os outros animais despertam e se aproximam. Eles arrancam a cabeça dela. A última imagem do sonho é um busto nu de mulher, sem cabeça, o vermelho da carne exposta, boiando na água e se afastando em direção ao fundo. Entendo que isso é um sinal. O corpo morto e o sentido das águas apontam uma direção. Lá está a resposta de um enigma.

(Olha em volta. Entra o filme em super-8. Assiste algum tempo. Depois, começa a tirar a roupa e joga em um amontoado de roupas. Se veste de novo.)

Eu... Essas pessoas... Eu não sei quem elas são... Tem essas imagens, dessas pessoas, e essas imagens me causam um tipo de saudade estranha.

(Pausa)

Eu colhi essas imagens em uma feira de coisas antigas. Eram umas fitas de super-8 abandonadas. Eu... Estava ali, de certa forma. Estou ali. Eu sou essa criança. Sou essa mãe aí. Sou a pessoa que está filmando...

(Pausa)

E eu quero achar a história. A fábula. Que expresse tudo isso. A fábula é como uma fita de super-8 perdida em uma feira. É como uma velharia empoeirada que eu vou olhar, e de repente eu vejo que estou ali. Eu já estou ali. É como um texto antigo que você abre o livro, e lê, e de repente você está ali. Porque sim, isso também aconteceu comigo, sim, eu estava olhando umas coisas, lendo alguns textos e de repente eu vi, de forma absolutamente assustadora, que eu estava ali naquele texto de milhares de anos atrás. Eu estava ali, e ali era o meu limite de humanidade. O limite do humano.

O meu pai uma vez apareceu com o braço arranhado. Eram quatro cortes aqui. Fundos. Sangrava. O gorila tinha atacado o braço dele. Tinha ido alimentar o gorila, e o bicho pegou e enfiou as unhas no braço do meu pai. Sim. Tinha um gorila no quintal de casa. Dentro de uma jaula. Além de os pequenos macacos, os pássaros e os cães. Realmente, tinha esses animais na minha casa. Realmente. Isso não é uma metáfora. Tinha mesmo. Tinha esses animais lá. Vocês podem pensar no meu pai assim também. Ele de repente estava casado com três filhas vivendo em uma casa com a sua mulher, com cozinha, banheiros, sala, quintal. E o que ele pegava e fazia? Ele pegava e enfiava um monte de animais selvagens na casa que ele trazia das viagens de caminhão, colocava as músicas no último volume do som da sala e ia para a varanda, com os pássaros dele. Ele trazia os animais para casa. Ele gostava muito desses animais que ele trazia.

E aí eu estava lendo umas coisas, porque nesses momentos a gente é levada, por uma espécie de faro estranho, para os lugares certos, terrivelmente certos, e de repente, eu leio uma dessas histórias, e eu estou ali. E eram esses animais dentro da minha casa, quando eu era uma criança e tinha duas irmãs e uma mãe, e uma sala, banheiros, cozinha, quintal, escola, amigos da rua, e de repente um monte de animais selvagens dentro da casa, e isso não é uma metáfora, mas simplesmente um fato real, (*projetar fotos com bichos*) e aquilo era como que normal para mim, era daquele jeito que eu vivia, só que de repente eu fui ler esses textos, muito tempo depois disso, e eu me vi ali, no limite do humano. Brincando de andar vendada em cima do muro. Passando os dedos nos dentes do gorila. Encostando a cara nas suas unhas. Era ali que eu estava. No limite do humano.

Porque o limite do humano existe para mim. E eu simplesmente me recusei também a só virar e dizer para vocês que TUDO É FICÇÃO, OU QUE TANTO FAZ O QUE É OU NÃO FICÇÃO, OU QUE CADA UM CONTA A SUA HISTÓRIA DA MANEIRA COMO QUER, QUE NÃO EXISTE, PORTANTO, NENHUM TIPO DE ESTRUTURA BÁSICA DE FUNCIONAMENTO DO HOMEM, E QUE EU POSSO ENTÃO RECRIAR O HOMEM EM CENA COMO EU BEM ENTENDER, MAS SIMPLESMENTE NÃO É DESSE JEITO, E EU TINHA ALGUNS LIMITES DO HUMANO ONDE EU ESTAVA ME EQUILIBRANDO DE OLHOS FECHADOS, E DE REPENTE EU SENTI ISSO TUDO DE UMA VEZ, EU SENTI NA MINHA PELE O LIMITE DO HUMANO COMO UMA PATADA DO GORILA QUE MORAVA DENTRO DE CASA; COMO UMA PATADA DO GORILA NO BRAÇO DO MEU PAI, COMO SE FOSSE O MEU PAI CAMINHANDO PELA CASA ÀS DUAS DA MANHÃ, TENDO ACABADO DE VOLTAR DE UM BAR, FEDENDO A CACHAÇA, SUADO, COM AS TATUAGENS NOS BRAÇOS. ERA ISSO.

(Pausa.)

Porque ele estava lá. Falando. Gritando. Andando pelos corredores. Me levando para os bares. Sendo um animal. E sendo pai.

(Pausa.)

Nesse momento eu pego a caixa de bilhetes e abraço contra o meu peito, e coloco ela aqui.

(Pausa.)

E digo que a única fábula que cabia, a única história capaz de, naquela época, dar conta disso tudo que eu estava sentindo, era uma história em que coubesse o mesmo tanto de carinho, e de repulsa, o mesmo tanto de amor e de nojo.

(Pausa. Coloca o bolero "La Mamadeira", baixo, e se veste de homem.)

Todos nós convivemos com ele. A maior parte das pessoas o vivencia como uma realidade abstrata do símbolo, e uma pequena parcela o experimenta de forma concreta. Não se trata, obviamente, de uma vivência simples. Diante dessa vivência surgem algumas questões: Quais aspectos dele se mostrarão criativos? Quais aspectos fatalmente gerarão monstruosidades? O que configura o excesso nessa vivência psíquica? Será que no fundo ele é o nosso próprio demônio interior, a nos impelir constantemente para a decifração dos enigmas?

(Pausa. Aumenta o volume, dança com a máscara. Depois, retira a música e começa a falar tirando a máscara e a roupa.)

A certa altura, Édipo embarca, em uma viagem sem volta, pelo caminho da decifração. Ele se pergunta sobre o seu passado. E o mais terrível possível lhe sucede, quando ele vai atrás de saber o que realmente aconteceu. O mais terrível ocorre: ele encontra as pistas, as provas cabais, e de forma trágica, a mais assustadora das tragédias humanas, ele realmente DESCOBRE o que aconteceu. Ele se encontra frente a frente com os seus atos terríveis, reais e concretos. Obviamente o maior transtorno possível é o fim da dúvida. "Hoje tornou-se claro a todos que eu não poderia nascer de quem nasci, nem viver com quem vivo". Depois, como um adendo, vem a coroação do seu crime que na verdade foi a sua porta de entrada, "e, mais ainda, assassinei quem não devia". Tudo se desenrola a partir do assassinato do pai, mas é só no sexo com a mãe, no dividir a cama com ela, que o crime efetivamente se realiza, o que de mais inumano e ao mesmo tempo profundamente humano há: o incesto. Mas a desgraça só vem à tona a partir da pergunta. A partir da dúvida, que leva ao caminho detetivesco em direção aos FATOS. Porque é só a consciência do ato que leva à tragédia, que leva ao terror. Daí a pergunta: não seria ele, o incesto, o nosso próprio demônio interno, que impele constantemente a essa busca obsessiva, cujo objetivo é o que mais se quer evitar, ou seja, descobrir a verdade. Descobrir que sim. DESCOBRIR QUE ACONTECEU. INEVITAVELMENTE.

(Pula na água. Sai, troca de roupa de novo, jogando no monte etc.).

Assim, quando Deus destruiu todas as cidades da Planície, ele se lembrou de Abraão e retirou Ló do meio da catástrofe, da destruição das cidades em que Ló habitava. Ló subiu de Segor que, era uma dessas cidades, e se estabeleceu numa caverna com suas duas filhas, porque não ousava continuar em Segor. A mais velha disse à mais nova: "nosso pai é idoso e não há homem na terra que venha unir-se a nós. Vem, façamos nosso pai beber vinho e deitemo-nos com ele; assim suscitaremos uma descendência de nosso pai". Elas fizeram seu pai beber vinho, naquela noite, e a mais velha veio deitar-se junto de seu pai, que não percebeu nem quando ela se deitou, nem quando se levantou. No dia seguinte a mais velha disse à mais nova: "na noite passada eu dormi com meu pai; façamo-lo beber vinho também nesta noite e vai deitar-te com ele; assim suscitaremos uma descendência de nosso pai". Elas fizeram o seu pai beber vinho também naquela noite, e a menor deitou-se junto dele, que não percebeu nem quando ela se deitou, nem quando se levantou. As duas filhas de Ló ficaram grávidas de seu pai.

E então ocorre aqui a reviravolta maravilhosa. Em que o interdito torna-se de repente possível, no meio da catástrofe, para dar continuidade a uma linhagem que corria risco de ser extinta. Para garantir a descendência de um pai velho e foragido, isolado do mundo com as filhas, por conta da destruição divina que tomou conta da cidade em que vivia e de todas as cidades ao redor. E nessa reviravolta o incesto retorna, como a única possibilidade de resguardar uma herança em risco, perante a catástrofe. Mas aqui o pai não percebe. Ele foi embebedado. Isso, talvez seja importante. Talvez, isso faça mesmo toda a diferença... Que a filha, e só a filha, saiba o que está fazendo, frente ao que, ela está fazendo o que está fazendo, o tamanho da catástrofe que ela enfrenta, e a importância de salvar aquilo que dele e dela descende.

(Olha para o palco. Arruma os discos. Arruma a caixa. Caminha até o fundo, debaixo da luz branca.)

Essa foi a primeira versão. E também depois dela eu achei que ela não servia. E também depois dela, eu achei que nada mais seria possível. De novo, achei que poderia ser que algo tivesse acabado ali. Acho que várias vezes durante o processo eu quis achar que ele tivesse acabado. Muitas vezes eu quis me ver livre disso tudo. Mas a gente não se livra dessas coisas. A gente não está livre dessas coisas. A liberdade é sempre negociada. É sempre uma condicional. Ultimamente voltei a ter sonhos com ele. Quase ouço alguém me aconselhando, "você devia parar de mexer nessas coisas", mas não é por isso que eu sonho. Sempre que eu sonho com ele, agora eu sei, é um sinal, sempre que ele vem, é porque alguma coisa dói, em algum lugar. Talvez porque alguma coisa dói em um lugar, que já doeu antes... Ele vem me avisar.

Bibliografia

ARENDT, Hannah. As Esferas Pública e Privada. *A Condição Humana*. Rio de Janeiro: Forense, 2008.

ARAÚJO, Kathya. Individualismo e Heteronomia: Configurações de Sujeito e Laço Social no Texto Autobiográfico. In: GALLE, Helmut et al. (orgs.). *Em Primeira Pessoa: Abordagens de uma Teoria da Autobiografia*. São Paulo: Annablume/Fapesp/FFLCH-USP, 2009.

ARFUCH, Leonor. *O Espaço Biográfico: Dilemas da Subjetividade Contemporânea*. Rio de Janeiro: Editora UERJ, 2010.

____. O Espaço Biográfico na (Re)Configuração da Subjetividade Contemporânea. In: GALLE, Helmut et al. (orgs.). *Em Primeira Pessoa: Abordagens de uma Teoria da Autobiografia*. São Paulo: Annablume/Fapesp/FFLCH-USP, 2009.

BERNSTEIN, Ana. A Performance Solo e o Sujeito Autobiográfico. *Sala Preta*, São Paulo: ECA-USP, v. 1, n. 1, 2001.

BERGSON, Henri. *Matéria e Memória*. São Paulo: Martins Fontes: 2006.

BULHÕES-CARVALHO, Ana Maria; CARREIRA, André. Entre Mostrar e Vivenciar: Cenas do Teatro do Real. *Sala Preta*, São Paulo: ECA-USP, v.13.

CANTON, Katia. *Narrativas Enviesadas*. São Paulo: WMF Martins Fontes, 2009.

CARVALHAES, Ana Goldenstein. Teatro em Processo. Processo Auto-Biográfico: Conversas Com Meu Pai. (Dossiê Espetáculo *Conversas Com Meu Pai*.) *Sala Preta*, São Paulo ECA-USP, v.14.

CASEY, E.S. *Remembering: A Phenomenological Study*. Bloomington/Indianópolis: Indiana University Press, 1987.

COHEN, Renato. *Performance Como Linguagem*. São Paulo: Perspectiva, 2011.

____. *Work in Progress na Cena Contemporânea: Criação, Encenação e Recepção*. São Paulo: Perspectiva, 2006.

COMOLLI, Jean-Louis. *Ver e Poder. A Inocência Perdida: Cinema, Televisão, Ficção, Documentário*. Belo Horizonte: Editora UFMG, 2008.
CORNAGO, Óscar. Atuar de Verdade. A Confissão Como Estratégia Cênica. *Urdimento*, n. 13, set. 2009.
____. Biodrama. Sobre el Teatro de la Vida y la Vida del Teatro. *Latin American Theater Review*. Kansas University, v. 39. n. 1, Fall 2005.
DAL FARRA MARTINS, Alexandre Ferreira. Em Terceira Pessoa: Sobre o Processo de Escrita da Autobiografia de um Outro. (Dossiê Espetáculo *Conversas Com Meu Pai*.) *Sala Preta*, São Paulo: ECA-USP, v.14, n. 2, 2014.
____. *Peça de Aprendizado Pós-Moderna, Tradução e Análise da Peça "Vale das Facas Voadoras", do Dramaturgo e Diretor Alemão René Pollesch*, Dissertação (Mestrado em Letras), USP, São Paulo, 2014.
DE DUVE, Thierry. When Form Has Become Attitude – and Beyond. In: FOSTER, Stephen; VILLE, Nicholas de (eds.) *The Artist and The Academy: Issues Fine Art Education and the Wider Cultural*. Southampton: John Hansard Gallery/University of Southhampton, 1994.
DELORY-MOMBERGER, Christine. Filiações e Rupturas do Modelo Autobiográfico na Pós-Modernidade. In: GALLE, Helmut et al. (orgs.). *Em Primeira Pessoa: Abordagens de uma Teoria da Autobiografia*. São Paulo: Annablume/Fapesp/FFLCH-USP, 2009.
____. Performance e Teatro: Poéticas e Políticas na Cena Contemporânea. *Sala Preta*, São Paulo, ECA-USP, v. 8, 2008.
FERNANDES, Silvia. Apresentação: Experiências do Real no Teatro. *Sala Preta*, São Paulo, ECA-USP, v. 13, n. 2, 2013.
____. *Teatralidades Contemporâneas*. São Paulo: Perspectiva, 2010.
FÉRAL, Josette. Por uma Poética da Performatividade: O Teatro Performativo. *Sala Preta*, São Paulo, ECA-USP, v. 8, n. 1, 2008.
FOSTER, Hal. *The Return of the Real*. Londres: MIT Press, 1996.
FREUD, Sigmund. Lembranças da Infância e Lembranças Encobridoras. *Sobre a Psicopatologia da Vida Cotidiana*. Trad. Jayme Salomão. Rio de Janeiro: Imago, 1996.
GALE, Helmut et al. (orgs.). *Em Primeira Pessoa: Abordagens de uma Teoria da Autobiografia*. São Paulo: Annablume/Fapesp/FFLCH-USP, 2009.
KLUGER, Ruth. Verdade, Mentira e Ficção em Autobiografias e Romances Autobiográficos. In: GALLE, Helmut et al. (orgs.). *Em Primeira Pessoa: Abordagens de uma Teoria da Autobiografia*. São Paulo: Annablume/Fapesp/FFLCH-USP, 2009.
LACAN, Jacques. O Estádio do Espelho Como Formador da Função do Eu. *Escritos*. Rio de Janeiro: Jorge Zahar, 1965-1998.
LEHMANN, Hans-Thies. *Teatro Pós-Dramático*. São Paulo: Cosac Naify, 2007.
LEJEUNE, Philippe. *Signes de vie: Le pacte autobiographique 2*. Paris: Seuil, 2005.
____. *Le pacte autobiografique*. Paris: Seuil, 1996.
LEONARDELLI, Patrícia. *A Memória Como Recriação do Vivido: Um Estudo da História do Conceito de Memória Aplicado às Artes Performativas na Perspectiva do Depoimento Pessoal*. Tese (Doutorado em Artes Cênicas), ECA, São Paulo, 2008.
LIDDELL, Angelica. *La Casa de la Fuerza*. Lisboa, Fundação Caixa Geral de Depósitos – Culturgest, 2011. Catálogo da Apresentação.

LYOTARD, Jean-François. *A Condição Pós-Moderna*. Rio de Janeiro: José Olympio, 2002.

LOURAÇO, Jorge. Figuras de Linguagem do Indizível em Conversas Com Meu Pai. (Dossiê Espetáculo *Conversas Com Meu Pai*.). *Sala Preta*, São Paulo ECA-USP, v.14.

MOCARZEL, Evaldo. Auto-Mise-en-Scène: Ficção e Documentário na Cena Contemporânea. (Dossiê Espetáculo *Conversas Com Meu Pai*.) *Sala Preta*, São Paulo ECA-USP, v.14.

MOREIRA SALLES, João. A Dificuldade do Documentário. In: MARTINS, José de Souza; ECKERT, Cornelia; CAIUBY NOVAES, Sylvia (orgs.) *O Imaginário e o Poético nas Ciências Sociais*. Bauru: Editora USC, 2005.

PAVIS, Patrice. *Dicionário de Teatro*. 3ed. São Paulo: Perspectiva, 2015.

RAMOS, Fernão Pessoa. *Mas Afinal... o Que é Mesmo Documentário?* São Paulo: Senac, 2007.

RICOEUR, Paul. *Tempo e Narrativa 1. A Intriga e a Narrativa Histórica*. São Paulo: WMF Martins Fontes, 2012.

____. *A Memória, a História, o Esquecimento*. Campinas: Editora Unicamp, 2007.

____. *Soi-même comme un autre*. Paris: Seuil, 1990.

RINALDI, Miriam. Ator no Processo Colaborativo do Teatro da Vertigem. *Sala Preta*, São Paulo ECA-USP, v. 1 n. 6, 2006. Disponível em: <http://www.eca.usp.br >. Acesso em abril de 2013.

ROUSSEAU, Jean-Jacques. *Confessions: Livre II*. Paris: Gallimard, 1992.

SAFATLE, Vladimir. *Lacan/Vladimir Safatle*. 2.ed. São Paulo: Publifolha, 2009. (Col. Folha Explica)

SAISON, Maryvonne. *Les Théâtres du réel: Pratiques de la représentation dans le théâtre contemporain*. Paris: L'Harmattan, 1998.

SANCHEZ, José Antonio. *Prácticas de lo Real en la Escena Contemporánea*. Madrid: Visor Libros, 2007.

SALLES, Cecília Almeida. *Gesto Inacabado: Processo de Criação Artística*. São Paulo: Intermeios, 2011.

____. Diluição de Fronteiras, *Sala Preta*, v. 14, n. 2, 2014.

SARLO, Beatriz. *Tempo Passado: Cultura da Memória e Guinada Subjetiva*. Trad. Rosa Freire d'Aguiar. São Paulo/Belo Horizonte: Companhia das Letras/UFMG, 2007.

SELIGMANN-SILVA, Márcio. O Esplendor das Coisas: O Diário Como Memória do Presente na Moscou de Walter Benjamin. *Escritos*. Rio de Janeiro: Casa de Rui Barbosa, ano 3, n. 3, 2009.

SOLER, Marcelo. *Teatro Documentário: A Pedagogia da Não Ficção*. São Paulo: Hucitec, 2010.

SCHUMANN, Clara. David Perlov, Journal (Diary). *Particules*, n. 11, oct.-nov 2005.

Páginas da Web

BERNARDET, Jean-Claude. O Processo Como Obra. *Folha de S. Paulo*, 13 jul. 2003, Mais! Disponível em: <http://www1.folha.uol.com.br>. Acesso em 16 ago. 2016.

BRASIL, A. et al. Texto da Comissão de Seleção, Catálogo do 15º Vídeo-Brasil, Associação Cultural Videobrasil. Disponível em: <http://site.videobrasil.org.br/festival/arquivo/festival/textos/232179>. Acesso em:

CÂMARA, Leandro. Festa de Separação. *Ensaios Ababelados: Reflexões Sobre Cinema, Literatura, Educação*. São Paulo, 12 out. 2009. Disponível em: <http://www.ensaiosababelados.com.br> Acesso em 16 ago 2016.

CARREIRA, André. A Intimidade e a Busca de Encontros Reais no Teatro. *Revista Brasileira de Estudos da Presença*, Porto Alegre, v. 1, n. 2, jul.-dez., 2011. Disponível em: <http://www.seer.ufrgs.br/presenca>. Acesso em 16 ago 2016.

DE MAN, Paul. Autobiography as De-facement. *MLN, ComparativeLiterature*, v. 94, n. 5, dec. 1979. Disponível em: <http://links.jstor.org>. Acesso em 16 ago 2016.

FABIÃO, Eleonora. Programa Performativo: O Corpo em Experiência. *Revista do Lume*, n. 4, dez. 2013; *Revista Digital*. Unicamp-Núcleo Interdisciplinar de Pesquisas Teatrais. Disponível em: <http://www.cocen.rei.unicamp.br>. Acesso em 17 ago 2016.

GRUN, Damaris. O Real Afetivo em Cena. *Questão de Crítica*, jan. 2012. Disponível em: <http://www.questaodecritica.com.br>. Acesso em 22 jun. 2014.

LEITE, Janaina; PINTO, Felipe. Dramaturgia, Antologia de Novas Escritas Cênicas. Festa de Separação: Um Documentário Cênico. *Novas Dramaturgias*, 2009. Disponível em: <http://www.novasdramaturgias.com>. Acesso em: 04 fev. 2012.

LÍRIO, Gabriela. (Auto)Biografia na Cena Contemporânea: Entre a Ficção e a Realidade, *Portal Abrace*, 2010. Disponível em: <http//www.portalabrace.org>. Acesso em nov. 2010.

MALZACHER, Florian. Dramaturgies de la sollicitude et de la déstabilisation (I), *Rimini Protokoll,* 02 dez. 2007. Disponível em: <http://www.rimini-protokoll.de>. Acesso em 08 jul. 2014.

RAMOS, Luiz Fernando. Peça Usa Metáfora Para Tratar do Suicídio. *Folha de S. Paulo*, 10 jun2013. Disponível em: <http://www1.folha.uol.com.br>. Acesso em 29 ago 2013.

____. Peça Cruza Ficcional e Documental da Vida a Dois. *Folha de S. Paulo*, 11 nov. 2009. Disponível em: <http://www1.folha.uol.com.br>. Acesso em 17 de março de 2014.

SMALL, Danielle Avila. Teatro Documentário: Críticas das Peças *Luis-Antônio Gabriela* e *TransTchecov*, da Programação do Palco Giratório. *Questão de Crítica*, Rio de Janeiro. Disponível em: <http://www.questaodecritica.com.br >. Acesso em jun. 2014.

TEATRO NA ESTUDOS
últimos lançamentos

A Terra de Cinzas e Diamantes
Eugenio Barba (E235)

A Ostra e a Pérola
Adriana Dantas de Mariz (E237)

A Crítica de um Teatro Crítico
Rosangela Patriota (E240)

O Teatro no Cruzamento de Culturas
Patrice Pavis (E247)

Eisenstein Ultrateatral
Vanessa Teixeira de Oliveira (E249)

Teatro em Foco
Sábato Magaldi (E252)

*A Arte do Ator entre os
Séculos XVI e XVIII*
Ana Portich (E254)

O Teatro no Século XVIII
Renata S. Junqueira e Maria Gloria C. Mazzi (orgs.) (E256)

A Gargalhada de Ulisses
Cleise Furtado Mendes (E258)

Dramaturgia da Memória no Teatro-Dança
Lícia Maria Morais Sánchez (E259)

A Cena em Ensaios
Béatrice Picon-Vallin (E260)

Teatro da Morte
Tadeusz Kantor (E262)

Escritura Política no Texto Teatral
Hans-Thies Lehmann (E263)

Na Cena do Dr. Dapertutto
Maria Thais (E267)

A Cinética do Invisível
Matteo Bonfitto (E268)

Luigi Pirandello:

Um Teatro para Marta Abba
Martha Ribeiro (E275)

Teatralidades Contemporâneas
Sílvia Fernandes (E277)

Conversas sobre a Formação do Ator
Jacques Lassalle e Jean-Loup Rivière (E278)

A Encenação Contemporânea
Patrice Pavis (E279)

As Redes dos Oprimidos
Tristan Castro-Pozo (E283)

O Espaço da Tragédia
Gilson Motta (E290)

A Cena Contaminada
José Tonezzi (E291)

A Gênese da Vertigem
Antonio Araújo (E294)

A Fragmentação da Personagem no Texto Teatral
Maria Lúcia Levy Candeias (E297)

Alquimistas do Palco: Os Laboratórios Teatrais na Europa
Mirella Schino (E299)

Palavras Praticadas: O Percurso Artístico de Jerzy Grotowski, 1959-1974
Tatiana Motta Lima (E300)

Persona Performática: Alteridade e Experiência na Obra de Renato Cohen
Ana Goldenstein Carvalhaes (E301)

Como Parar de Atuar
Harold Guskin (E303)

Metalinguagem e Teatro: A Obra de Jorge Andrade
Catarina Sant Anna (E304)

Enasios de um Percusro
Esther Priszkulnik (E306)

Função Estética da Luz
Roberto Gill Camargo (E307)

Poética de "Sem Lugar"
Gisela Dória (E311)

Entre o Ator e o Performer
Matteo Bonfitto (E316)

A Missão Italiana: Histórias de uma Geração de Diretores Italianos no Brasil
Alessandra Vannucci (E318)

Além dos Limites: Teoria e Prática do Teatro
Josette Féral (E319)

Ritmo e Dinâmica no Espetáculo Teatral
Jacyan Castilho (E320)

A Voz Articulada Pelo Coração
Meran Vargens (E321)

Beckett e a Implosão da Cena
Luiz Marfuz (E322)

Teorias da Recepção
Claudio Cajaiba (E323)

A Dança e Agit-Prop
Eugenia Casini Ropa (E329)

O Soldado Nu: Raízes da Dança Butô
Éden Peretta (E332)

Teatro Hip-Hop
Roberta Estrela D'Alva (E333)

Alegoria em Jogo: A Encenação Como Prática Pedagógica
Joaquim C.M. Gama (E335)

Jorge Andrade: Um Dramaturgo no Espaço-Tempo
Carlos Antônio Rahal (E336)

Campo Feito de Sonhos: Os Teatros do Sesi
Sônia Machado de Azevedo (E339)

Os Miseráveis Entram em Cena: Brasil, 1950-1970
Marina de Oliveira (E341)

Teatro: A Redescoberta do Estilo e Outros Escritos
Michel Saint-Denis (E343)

Isto Não É um Ator
Melissa Ferreira (E344)

Autoescrituras Performativas: Do Diário à Cena
Janaina Fontes Leite (E351)

Este livro foi impresso na cidade de Itaquaquecetuba,
nas oficinas da Vox Gráfica, em maio de 2017,
para a Editora Perspectiva